■ 新股民**从零开始**学炒股系列

道破庄家玄机，让庄家无处可遁！

从零开始学跟庄

陈金生◎编著

（第三版）

熟悉庄家惯常手法，窥破庄家隐蔽底牌；
识别庄家暗藏陷阱，赢得跟庄斗庄之战。

经济管理出版社
ECONOMY & MANAGEMENT PUBLISHING HOUSE

第三版序

　　有股票交易经验的投资者会有一个共识：股票市场投资风险大，规避风险获得利润是一件看似简单却难以实现的事情。要获得稳定的投资回报，我们需要在牛市中买卖股票。只要我们有自己的一套交易策略，获得收益就并非难事。股市经历了 2009 年 7 月到 2014 年 7 月长达 5 年的熊市调整后，终于在 2014 年下半年进入牛市状态。截至 2015 年 5 月底，上证指数收盘在 4500 点的时候，涨幅已经高达 150%，创业板指数上涨 400% 以上。我们显然不应该错过这波大牛市。在牛市中，上证指数还未突破历史高位的时候，个股早已经处于突破的边缘或者已经再创新高。

　　在新的牛市行情中，我们可以利用已有的交易策略来买卖股票，同样可以收到较好的投资效果。与以往不同的是，这一次涨幅较大，而个股当中牛股辈出。行情转暖的时候，把握交易机会的投资者，可以是超短线买卖的投资者，也可以是中长期持股的投资者。

　　根据不同的交易策略需要，我们判断行情的时候，可以选择 K 线、技术指标等完成短线交易，提升每一次买卖的盈利空间。当然，我们要想获得中长期的盈利机会，可以在均线交易、趋势线交易和跟庄交易上下功夫，获得庄家买卖股票的信息，提升把握中长期盈利机会的能力。

　　短线买卖的时候，每一次都能有机会获得 10%~30% 的利润；而中长期交易的时候，卖出股票时获得翻倍收益的概率很大。在牛市行情中，我们短线交易盈利的机会很多，低买高卖是个不错的交易手段。即便短线买入股票后出现亏损，随着股票指数的反弹我们还是能够继续盈利的。在中长期回升趋势中，我们可以利用股票指数调整的机会增加持股资金，在中长期的回升走势中获得收益。

　　技术分析过程中，我们可以通过学习最基本的 K 线、均线、指标、趋势、短线交易策略等获得收益。如果我们能够在各种走势中融会贯通地运用这些指标，那么盈利是迟早的事情。从短线交易到跟庄和战胜庄家，我们有很多需要学习的地方。"新股民从零开始学炒股系列"丛书，内容涉及 K 线、均线、指标、趋势、短线和跟庄等全面的技术分析内容。在经过修订后的本系列第三版的书中，我们将更好、更新的实战案例融入进来，为投资者提供更贴近实战的交易手法。

在牛市出现的时候，各种技术指标也会出现不同于以往的复杂变化。不过，指标变化万变不离其宗，按照本系列第三版书中所讲的内容，我们不难发现交易机会并可获得稳定的投资回报。值得一提的是，本系列第三版图书的内容并非只针对特定案例做出特定的买卖策略解读，实际上，书中的案例全部是可以参考的操作策略。我们要善于把握交易机会，举一反三地运用买卖方法，提高交易的准确性。

升级版的牛市需要升级版的技术分析方法，在牛市当中，牛股有更好的波动潜质，而技术指标的变化也是有迹可循的。我们平时常见的指标形态和价格走势，会在牛市中表现得更加出色。当然，相应的交易机会就更不能错过了。围绕 K 线、趋势等技术分析方法，我们能在实战交易中做得更好。

不同的牛市行情有不同的牛股走势，在 2014 年 7 月以后的牛市中，成交量远超过历史量能。融资融券活跃，股指期货、期权蓬勃发展，我们应当以平常心看待牛市。从零开始学习股票交易的过程，也可以获得超过指数的投资回报。

前　言

股市中牛股众多，能够连续猛涨的股票，其中都有庄家的身影。庄股固然是好股，有机会持有庄股也是投资者的一大幸事，但是能否发现庄股并且长期持有就要看投资者的个人能力了。要想在庄家持有的股票中分得"一杯羹"，就要知道何为庄家，市场中究竟有哪几类庄家，他们的选股方法和操作思路如何以及跟庄持股过程中应该注意哪些问题。事实上，即使投资者对庄家的了解非常透彻，也不一定取得非常好的投资收益。

庄家也是因为赚钱的目标才进入股市的，与散户相比，其不同之处就在于庄家的资金量动辄十亿元、百亿元，而散户的资金最多也不过百万元而已。庄家之所以坐庄，是要取得对股价涨跌方向的控制权。如果股价能够按照庄家的意愿上涨或下跌，那么获利还不是易如反掌吗？在庄家参与的股票交易中，虽然股价涨幅很大，但是散户从中获利的却是少数，很多散户甚至还出现了高位套牢的亏损现象。散户之所以在庄家坐庄的股票中出现亏损，究其原因就是其对庄家和庄家的操作手法没有一个清晰的认识，从而导致在操作庄股中屡屡失利。

投资者如何才能够在庄家坐庄的过程中获得自己的投资收益呢？笔者认为至少应该在以下三个方面做出努力：首先，了解庄家的本质，辨析其优势和劣势。其次，通晓庄家的坐庄流程，深刻领会其坐庄手法。最后，端正投资心态，识别陷阱，学会跟庄。

针对投资者盲目炒作庄股的行为，本书从三部分对投资者跟庄进行详细的说明。第一部分：做好跟庄前的准备。主要介绍庄家定义、分类、优势、劣势以及庄家喜欢操纵的股票类型、惯用的坐庄手法等。第二部分：理解坐庄过程，主动参与跟庄。介绍庄家坐庄四个步骤（建仓、洗盘、拉升、出货）的具体实施过程以及散户跟庄大策略等。通过第二部分的学习，投资者一定会对庄家的坐庄过程有一个深入的了解。第三部分：摆正跟庄心态，避开庄家陷阱。介绍庄家坐庄过程中惯用的欺骗手法，帮助投资者端正投资心态，顺利完成跟庄。

　　本书在详细阐述庄家坐庄过程和介绍坐家陷阱时，使用到了大量的图片和实例进行分析，读者可以借助这些图形资料较深刻地了解庄家的意图，为投资者成功跟庄做好准备。相信读者阅读完此书，对庄家及其坐庄过程一定会有一个更加深刻的认识。在跟庄的时候也会更加有的放矢，获得比较不错的投资回报。

目 录

第一章　揭秘——庄家的真实面目

一、庄家定义与分类

1. 庄家的定义

"庄家"一词最初见于赌博活动中，是指具备大量资金，并且以其最佳的地位因素来操控、影响赌局胜负的团体。股市中的庄家也具有赌局中庄家的一些特点，如资金量大、实力雄厚、操作优势等。股市中的庄家可以是资金量大的散户、券商、基金、符合要求的外国机构投资者等，它们以其各方面的优势和巨大的影响力，受到社会各界的关注。

股市中的庄家是指以尽可能多地获取利润为目的，利用自身在资金、人才、信息、交易技术等方面的优势，利用各种可能的操作手法有目的、有计划地完成对某一只股票或者某一类股票的建仓、拉升和获利的个人或者组织。

因为庄家持有上市公司的股票，所以它是上市公司的一名股东，只是持有的股票数量比较多而已。庄家在持有一只股票之前要看上市公司的业绩和发展潜力等。预期盈利能力下滑甚至亏损的企业，庄家对其拉升也是无用的，没有相应的跟风盘也不能使股价上涨，当然更谈不上获利了。

庄家要想操纵股票必须先获取足够数量的流通筹码，这同赌博中的庄家有所不同。赌博中的庄家本身就可以左右赌局的输赢方向，他们胜算的概率是非常大的，即使有时庄家是靠抽取提成，也可以获利丰厚。而股市中的庄家一定要操控大概一半以上的流通股票，才可以完全控制股价的走势。当然减少十个百分点的筹码也可以达到控盘的目的，并且可以在不断的拉升中取得比较好的收益，这要视具体情况而定。

庄家与散户相比较，则具有很大的区别，表现在以下几个方面：

（1）庄家动辄用几亿元甚至上百亿元炒作一两只股票，而散户却利用几十万元、几百万元操作数只股票。

（2）庄家可以制造题材，使股价自然超高，而散户只能被动追随庄家拉升股票。

（3）庄家操盘的时间是以月、年计算，而散户持仓时间却以周甚至日计算。

（4）庄家针对某一只股票进行稳定操作之后可以获利丰厚，而散户针对数只股票进行买卖之后还只是处于微利状态甚至赔钱出局。

（5）庄家是制造利润的投资者，而散户要想盈利只能被动接受拉升的利润。

（6）庄家虽然也懂得技术指标，但是它们更擅长制造出漂亮的指标来欺骗散户投资者。所以很多时候散户不得不接受一个事实：股价短时间的涨跌是由庄家操控的，仅仅凭借技术指标买卖股票很容易跌入陷阱。

股市中的庄家不管是机构、上市公司的管理者还是巨额财富的拥有者，其坐庄的唯一目的就是控盘盈利。既然庄家可以利用自己的操纵方式拉升股价，那么散户也可以通过仔细观察庄家的动向，采取相应的跟庄策略使自己获利。

2. 庄家的分类

分类方式不同，庄家的种类也不相同。从实用的角度来讲，可以按照操盘时间、获利情况、庄家实力、拉升手法来进行分类。

按照操盘时间进行分类：

（1）超短线庄家。超短线庄家的持仓操盘时间是一两个月甚至几周时间。采取短线操作的庄家一般是在趋势不明朗的时候，按照趋势短线对某一只股票进行操作。例如，大盘持续下跌时的反弹，上涨的趋势不明确，大资金也只能采取"吃快餐"的手法拉升某一只股票，获利之后迅速了结头寸。使用快速拉升的方式建仓非常适合短线庄家，这样在股价上涨过程中即完成了建仓和拉升的动作，待市场稍有变化就可以迅速离场。

利用突然出现的利好消息爆炒股票也是短线庄家不错的选择。消息出来的时候，庄家可以利用资金优势快速进入股票并且在短时间内将股价强拉到目标价位。

超短线庄家在操作手法上更看重股价的走势，而不是价格。庄家不一定要将股价拉升到一个很高的价位，只要还可以拉升就可以继续盈利一段时间，形势不利便迅速离场是庄家的真实写照。同时超短线庄家进出市场的资金不会很大，股价的拉升很大程度上是由散户追高所致，庄家可以随时坐收渔翁之利。

（2）中线庄家。中线庄家的操作时间比短线庄家的操作时间长一些，不再是快进快出的操作手法，但是操作时间一般也不会超过一年。获得足够的收益是中线庄家操作股票的根本目的，因此在选择操作股票上也更加重视，中线庄家不会参与那些没有炒作题材的股票，短期内预期不被长期看好的股票也不是中线庄家炒作的对象。中线庄家掌握的流通盘比例会接近一半，借助板块间的联动和指数的向好会获得比较大的拉升幅度。

（3）长线庄家。长线庄家参与炒作的时间比较长，一般都是用年计算，少则一年多则三四年不等。它们挑选的股票一般也都是那些预期收益比较好，且公司有很好发展前景的股票。长线庄家一般都是以价值投资的动机入市的，但是免不了有拉升股价之后的出货行为出现，因为只有出货才能够做到真正意义上的"落袋为安"。长线庄家持有股票的时间比较长，每一步的操盘周期也是很长的。从股价的 K 线图上可以明显地看出庄家建仓、洗盘、拉升和出货的动作。长线庄家操盘时间长，股价的拉升幅度也比较大，因此对庄家实力的要求就比较严格。一般只有那些资金庞大、对个股研究透彻的机构才可能成为真正的长线庄家。

按照获利情况进行分类：

（1）获利庄。获利庄家有可能是刚进驻某只股票后不久就获利的，也可能是经过长时间的操作才有所收益的。不管是哪一种的获利方式，既然有了收益，那么在市场运行不佳或者公司基本面发生负面变化的时候，庄家都是有可能出货的，所以投资者要非常小心应对。

（2）套牢庄。股价低于庄家的持仓成本，庄家就成了套牢庄。被套牢的庄家有些属于非深度套牢的，在大盘好时，经过短时间的操作就可以解套。还有些庄家属于深度套牢的，只有经过长时间的运作才能够解套。这类深度套牢庄在转为牛市的时候，不需要很大的成交量就可以达到拉升股价的目的。庄家在牛市中拉升股价首先是出于解套的目的，其次也是为了尽可能地维持盈利的状态，这样股价被大幅度拉升的概率就比较大。

按照庄家实力进行分类：

（1）强庄。对于不同流通盘的股票，庄家的实力千差万别。只要庄家手中掌握的流通盘足够多，持仓成本足够低，这样的庄家一般都可以称得上强庄。强庄在拉升股价时，没有太多顾虑，可以尽可能地把股价拉到高位再考虑出货的问题。股价被拉升到高位时，庄家出货时候的表现也是非常显著的。因为持有的筹码比较多，强庄出货时会尽可能地放大成交量和换手率。

（2）弱庄。弱庄和强庄就有很大的不同之处。弱庄受到资金的限制，不能够充分地吸筹，更谈不上大幅度无限制地拉升股价了。弱庄操作股票的手法基本上限于不断震荡、打压、做波段，散户买入这样的股票进行短线操作是可以的，长线操作就不能指望股价有太大的上涨幅度。

按照拉升手法进行分类：

（1）顺势拉升庄。实力一般或者偏弱的庄家都会采用与大盘走势一致的拉升手法。顺势拉升的股票，在大盘走势好时可以利用散户追高的热情节省庄家的资金，在市场不好时又可以顺势打压股价，达到洗盘和二次低价建仓的目的。

（2）逆市拉升庄。逆市拉升庄在大盘下跌的时候强行拉升股价，而在大盘上涨的时候又强行打压股价，使股价滞涨甚至下跌。能够逆市拉升或者打压股价则说明庄家的实力是不俗的，可以按照自己的意愿任意地控制股价涨跌，当股票进入上升通道之后，涨幅一定是很惊人的。

二、庄家掌握哪些优势

1. 掌握资金庞大

庄家手中掌握的资金量动辄都在上亿元之上，想要操作股价简直易如反掌。特别是对于那些流通盘比较小的股票，庄家操作股价就更显得非常容易。而对于流通盘大的股票，实力强的庄家会开设几百或者几千甚至几万个相关账户来进行交易，连续控制股价的走势。通过大量相关账户的联合操控，庄家就可以在神不知、鬼不觉当中达到操控股价的目的，既可以不被监管部门发现，又可以坐拥丰厚的股价上涨利润，真可谓一举两得。

2. 操作手法老道

为庄家操盘的多数都是经验丰富的操盘手，对市场以及投资者的熟悉程度是无人能与之相比的，其在操作技法上和心理承受能力上都是高人一等的。有这样的操盘人员为庄家保驾护航，即使是糟糕的市场环境也很难影响他们，盈利对庄家而言简直易如反掌。

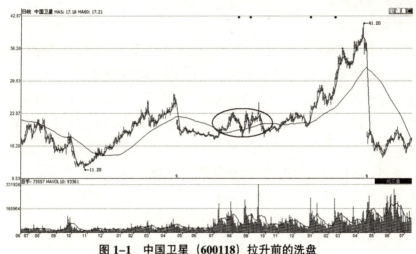

图1-1　中国卫星（600118）拉升前的洗盘

如图1-1所示，中国卫星（600118）的庄家在拉升股价之前进行了三次洗盘动作，成交量也明显放大，之后股价被一路拉涨，实现一倍多的涨幅。如果没有识破庄家的"火眼金睛"，一般的投资者都可能以为庄家在拉升股价后出货呢！实际上，庄家很可能在洗盘过程中重新吸筹，以便今后股价的拉升。

3. 消息灵通

对于强势上涨的股票，散户投资者都是碰巧遇到的而不是自己抓住的，这是什么原因呢？庄家利用自身条件，在利好消息公布之前就掌握了利好的准确内容，这样就可以总是在散户之前获得丰厚利润。而散户没有像庄家那样的关系网络，就只能在利好消息公布后看着股价涨到天价，而在利空的消息公布后看着手中的股票跌到底部。

4. 强大的分析能力

庄家在决定进驻一只股票之前要进行非常详细的调研，甚至会派出庞大的调研团队一同考察研究上市公司的管理能力、盈利能力和行业前景等内容，最后通过综合分析得出相应的操盘计划。即使是短线的庄家在操盘之前也会对上市公司做适当的调查，并且对市场状况有一个综合的评估，以便在之后的建仓、拉升、出货中占据先机，捞取暴利。甚至来说，短线进出市场的庄家还会考虑即将操控的股票能否进入市场中的持续热点板块，对其可否持续不断地拉升等。

5. 时间优势

参与股票买卖的很多散户都有急功近利的心态，梦想着自己的资金在短时间内发生质的变化，但是这样的想法在多数情况下是难以实现的。庄家的做法和想法就全然不同了，庄家依靠的是强大的综合实力，通过操控股价来获取源源不断的利润。庄家虽然也会赔钱，但是它们有大量时间和金钱，可以在长时间的操作中获取利润。只要市场不转变方向，庄家就可以长期进驻某只股票，通过拉升或者做波段获取利润。这样看来，时间虽然并不是庄家独享的，但是往往只有庄家才能够做到长期持有股票，操控股价以获取高额利润。散户只是不断买卖股票，却很难获得收益。

6. 持仓位置优势

庄家和散户之间很大的不同就是庄家持仓的位置比较隐蔽，除非庄家真正出货或者放量建仓，否则一般的投资者很难看穿庄家的持仓位置。一般来说，投资者使用的交易和行情系统，并不能帮助投资者看清庄家的真正持仓位置。也正是因为持仓位置隐蔽，庄家才在操纵股票的时候具备足够的优势。从平时高位出货的操纵方式当中可以很明显地发现，股价高位狂跌却没有放大成交量来配合。这是什么原因呢？事实上庄家已经完成了出货的动作，而散户还在继续持有，奢望股价有一天会重新上涨。

三、庄家也有无法避免的劣势

1. 操作时间比较漫长

庄家在进驻某一只股票时，不管是建仓阶段还是拉升出货阶段，都是比较漫长的。由于庄家资金庞大，一蹴而就的事情，庄家肯定是不会操作的。不断地调整仓位然后洗盘、拉升、出货才是庄家要做的事情。

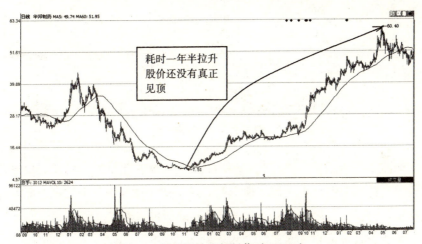

图 1-2　被操纵的华邦制药（002004）

如图 1-2 所示，华邦制药（002004）在股价比较低的时候，庄家经过放量大幅度买入股票，之后股价一路上涨，但是上涨持续了一年半以后股价还没有真正出现见顶的迹象。此股在上涨过程中，成交量不断地萎缩，说明庄家还没有真正出货，庄家究竟要将股价带向何处，谁都说不清楚。投资者要明白的是：庄家获利前的操作过程确实很漫长，尤其是长线庄家，操盘过程不可能一蹴而就。

2. 操作过程容易暴露

由于庄家资金的强大，不管庄家如何注意分寸，都不可避免地将"尾巴"露在外边。成交量的放大，股价短时间内大幅度内拉升都是庄家进出股市留下的痕迹。散户由此可以很清楚地了解庄家的举动。尤其在建仓和出货的时候，大量的股票在庄家和散户之间转换，成交量、换手率以及相应的股价涨跌幅度都会有惊人的变动。

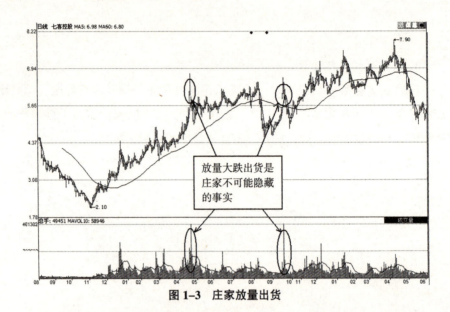

图1-3　庄家放量出货

如图1-3所示，七喜控股（002027）的庄家在出货时，将成交量放得相当大，与此同时股价也大幅度地下跌，对于这些情况每一个散户都能够看得到。也正是这样，庄家的身份就更容易暴露给投资者了。

3. 需要拉升的幅度高

庄家资金量大的其他弊端就是操纵股价的成本比较高。如果股价没有相当大的涨幅，庄家是不可能获得良好的收益的。高涨幅对庄家操盘也提出了相应的要求。不管怎样，庄家只有不遗余力地拉升股价才会获得较好的投资收益。

4. 操盘手法必须得当

得当的操作手法可以获取事半功倍的控盘效果，如果不是技术娴熟的操盘手，是不可能做到这点的。如果操盘不得当，多数散户就会察觉到庄家的动作，最后庄家很可能难以保本。

如图1-4所示，云天化（600096）在停牌前曾经有过很长时间的上涨，涨幅也是相当惊人，接近10倍的水平。该股在上涨过程中，成交量不断萎缩，庄家进入其中却不忍心出货。接下来云天化长达9个月的停牌后，在打

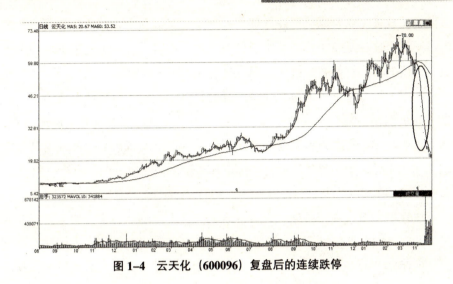

图1-4 云天化（600096）复盘后的连续跌停

开跌停板的同时放出巨量，即使庄家在那个时候选择出货，损失也将是巨大的。10个跌停板已经将利润稀释得所剩无几了。这样的庄家操作一定是非常失败的。

四、庄家操盘前需做哪些准备

庄家买卖股票同一般投资者买卖股票的流程是相似的，也避不开选时、选股的问题。首先，庄家应该对进场时机有准确的判断，应该选择经济运行状况由冷转暖并且市场处于熊牛转换的初期，这样经济回暖和股市上涨可以同步进行，从而达到更加理想的效果。选择好入市的时机，可以将股价顺势拉升，节省了庄家不少的拉升成本，对坐庄来说可以起到事半功倍的效果。其次，在股票的选择上，好题材的热门股票以及流通盘比较小的个股对庄家来说比较容易操作，股价上涨的幅度也比较大。当然最重要的是上市公司的基本面以及预期的盈利潜力等情况，这些才是庄家选择股票的重要依据。最后，庄家协调好操作过程中人员之间的关系，统一规划坐庄的操作流程和操作方式，这也是非常重要的。

坐庄的复杂性决定了庄家坐庄前必须做好相应的准备工作，准备充分才能够有的放矢实施计划，坐庄才能得心应手，最后获得收益就是顺其自然的事情了。坐庄的准备工作主要涉及储备人才、制订资金使用计划书、筛选个股、调研上市公司的基本情况、制订操盘计划书等内容。

在以上提及的五项准备工作中，操盘计划书是比较重要的一项内容，其他的几项都是为操盘计划做准备。准备工作是操盘计划书顺利实施的基石，基石打得越牢固操盘时就会越得心应手，从而顺利实现盈利。计划书制订得越详细、充分，坐庄时越能应付各种市场风险，坐庄的过程也会越顺利。

1. 储备人才

庄家的操盘过程不是某一个人或者某几个人能够顺利实施的，必须要有足够的人才储备才能够实现顺利坐庄。因此，若想成功坐庄首先应该有一个成功的团队，成功的操作团队可以顺利地实现坐庄过程。人才的储备包括团队主管、操盘手、资金调拨人、调研人员以及公关人员。

在一个完整的坐庄过程中，主管负责制定坐庄目标和坐庄策略、筛选股票、指挥坐庄的过程等工作，操盘手帮助主管完成坐庄的实际操盘动作（如下单、拉升、打压、止盈和止损）。其他相关人员负责辅助性的工作，如资金调拨人掌管资金的调拨与使用，调研人员负责调研上市公司基本面情况、行业状况和经济运行情况等内容。公关人员则是执行团队主管的意图，发布各种有利于股价操纵的消息，以便实现坐庄的过程。

2. 制定资金使用计划书

拥有足够的储备人才之后，庄家要制定相应的资金使用计划书。不同庄家资金来源是不同的，庄家的资金可以是自有资金、战略投资者的资金（大户、相关机构）、小基金投资者的资金甚至银行贷款等。由于资金的来源不同，所以资金在使用过程中的变现能力也不尽不同，庄家必须制定相应的使用计划以适应变现的需要。

庄家拉升股价时一般都需要两部分资金：一是建仓的资金，二是操作股价的资金。建仓的资金是今后庄家在拉升股价时负责盈利的那部分资金，对其占用的时间比较长，资金量也非常大。操作股价的资金主要负责拉升股价以及应急之用，这部分资金叫作控盘资金。

建仓资金需要占用的时间比较长，这部分资金可以利用自有资金来运作，这样可以避免在运作股票时发生撤资的事情；对于来源不稳定资金（如客户投资、银行短期贷款等），要求在使用时必须具有较强的变现能力，利用这部分资金来控盘最合适不过了。

对于长线庄家来说，长时间的操作过程需要建仓资金不断地等待股价拉升到目标位置，因此，选择自有资金作为建仓资金是比较可靠的。相反，短线投资者的操作过程就相对短暂，大量的资金需要用于拉升股价，在拉升中完成建仓，而不是在建仓之后等待长时间的股价拉升。在庄家坐庄的过程中，控盘资金中的一部分是用来拉升股价的，而拉升股价的时间一般会比较短暂，这样使用不稳定的资金也不会造成很大的影响，甚至负责拉升的部分资金可以来源于短期借款。控盘资金中的另一部分是用来应急的，这部分是不能够随便挪用的。一旦应急资金在需要的时候不能到位，股价将大幅度地下跌，庄家的坐庄过程就完全失败了。保证应急资金安全的有效方法就是使用庄家的自有资金，在需要的时候可以随时投入使用。

总之，建仓资金的来源要稳定，用来持有股票，长时间做多；控盘资金的来源可以相对随意，用来拉升股价和打压股价。两部分资金的配合使用使庄家顺利完成坐庄过程。

3. 筛选个股

资金安排好之后就是筛选出合适的坐庄股票。筛选的标准有流通盘、上市公司所在行业、公司近期盈利能力、股价的估值这几个方面。

流通盘的大小主要依据庄家实力与流通盘的大小匹配状况来确定的。实力强的庄家可以选择流通盘适中的股票，大资金拉升流通盘的股票不会起到应有的作用，而资金量太小又容不下大资金。资金量小的庄家只能选择流通盘比较小的股票，这样可以获得很好的拉升效果。

之所以从行业入手筛选股票，是因为行业的前景决定着企业的发展前景，不管企业的竞争力有多强，如果属于那些"夕阳产业"，则发展后劲会逐步减弱，最后企业的产品由于缺少相应的需求而必然使企业的发展难以为继。相反，朝阳产业中的公司不仅具有发展潜力，还会经常受到国家优惠政策的扶持，今后的发展必然无可限量。长线庄家选择那些有潜力的行业股票，预期的投资收益会相对乐观一些，庄家拉升股价时也会节省不少的资金成本。短线庄家选择发展良好的行业股票，这些股票也可以相应地成为市场追逐的热点，拉升的潜力巨大。因此，庄家依据行业来选择筛选操盘股票，是个不错的选股方式。

庄家筛选股票时，对于盈利能力的考察是比较重要的一项内容。特别是在庄家坐庄期间，上市公司的盈利状况对于股价的拉升是十分重要的。如果某只股票在庄家建仓的时候盈利状况良好，并且能够将其维持到庄家出货以后，那么庄家就有很多的理由对该只股票连番炒作了。有业绩支撑的炒作，不需要花费庄家太多的宣传资金，也没必要动用大量的资金拉升股价，只要随着市场的上涨不断进行拉升即可。庄家筛选个股，盈利能力不是停留在表面，而是真正具有成长潜力，利润存在爆发点的个股。例如：华兰生物（002007）是血液行业的龙头企业，自从2004年6月上市以来，公司的销售利润率稳步增长，到2009年公司产品的利润率已经高达76%。2009年底每股收益高达1.69元，每股现金流为1.69元，净资产收益率为37%，公司负债率仅为7.74%。庄家如果选择了这样的上市公司作为操盘对象，在大盘配合比较好的情况下，后期拉升的幅度一定是相当可观的。

股价的估值水平是庄家筛选股票的因素之一，估值的大小直接关系到股价被有效拉升的幅度。在熊市当中，庄家经常一遍遍地挖掘那些处于估值洼地的股票，在股价绝对价格比较低、估值也不高的时候进行建仓操作。时机成熟的时候，可以随着大盘的上涨而不断地推高股价。即使大盘的走势不很好，如果有短期的回调情况出现，也不会影响到庄家长期的拉升计划。因为股价是有估值优势的，短时间的下跌是不会对坐庄的股票有任何影响的。因此，通过股价的估值水平选择坐庄股票可以收到比较好的效果。

4. 调研上市公司基本情况

调研上市公司的基本面，一般包括以下几方面内容：

（1）上市公司的财务状况。财务状况稳定的公司，偿还到期债务的能力比较强，不会发生短期的偿债风险。特别是现金流充裕的上市公司，可以维持公司正常的经营秩序，按时偿还公司的到期债务和利息。选择这种上市公司的股票来坐庄，庄家不用担心由债务问题带来的风险。通过调研公司的财务状况，还可以看出公司各种费用的控制能力。费用控制得当相当于无形中为公司创造了价值，增加了股票的每股收益，此类股票也可以获得比较好的投资收益。

（2）上市公司所属行业的发展前景。像新能源、新材料、IT等都属于新兴的朝阳行业，具有很大的发展空间，这类行业中的上市公司很容易受到庄家的青睐。特别是那些既属于朝阳行业，又受到国家大力扶持的垄断企业，发展潜力不可限量，这类上市公司的股票更是容易吸引长线庄家介入。

（3）上市公司在行业中的地位。行业如何固然重要，更重要的还要看公司在行业中的地位如何。有发展前景的行业中并不是所有的公司都可以被庄家认可。在技术、品牌、管理等某一方面或者某几个方面有明显优势的公司，在收入、利润等各方面全面大发展的企业才是庄家认可的公司。

（4）上市公司的产品和市场占有率。上市公司的产品与同类型产品相比所具有的技术优势、品牌优势和售后服务优势关系到公司产品被市场认可的程度，以及公司产品在市场中的占有率。产品占有率高的企业股票是庄家优选的股票。

（5）上市公司管理水平。企业的管理水平是一种特殊的企业能力。虽然企业的管理水平看不见、摸不着，但却是实实在在存在的一种能力。公司的管理能力强可以在公司效益不佳的时候提高公司经营效率，在公司效益良好的时候抓紧创造更好的业绩。总之，管理水平决定着公司中各种资源有效利用的程度，优秀的管理层可以带领企业长期稳定地经营，即使遇到困难也会在短时间内解决，不影响公司的长远发展。

事实上，想要真正对上市公司有很清楚的认识要实地考察公司的基本情况，才能做到心中有数。实地考察也是很多庄家在坐庄前要做的事情，获得可靠数据的庄家会"踏实"地进行长线坐庄。例如：坚守价值投资理念，并被誉为"阳光私募"第一人的赵丹阳相信"亲眼看到的不一定就是事实，用怀疑的眼光看待上市公司的报表和公告"。事实上，赵丹阳在选择投资宁沪高速前，曾经制订出在各个路段实现"数车"的计划，并且亲自到收费站蹲点，以了解其车流量的实际情况。另外，在涉及银广夏的投资中，他亲自去银广夏天津工厂调查了耗电量情况，发现对应的用电量仅仅每月几百度，这样就轻松地识破了骗局，规避了损失。

5. 制订操盘计划书

操盘计划书是为综合反映调研成果而制定的总体操盘规划，包括操盘中涉及的主要步骤（如建仓、洗盘、拉升、出货四个操盘动作）、操作手法、操作时机的选择、资金分配情况以及应对紧急情况的策略。操盘计划书是针对坐庄过程所做的详细解释和说明，负责直接运作股票的操盘手会毫无疑问地予以执行，即使出现了特殊的状况，也要按照操盘计划中所列的说明做出相应的反应，不得私自解决。操盘计划书中涉及的内容一般包括以下几点：

（1）目标股票。众所周知，庄家操盘计划书中最重要的是体现坐庄的目标股票，确定了目标股票之后相应的操盘计划才有意义。计划书中首先反映出的是调研的基本成果——目标股票，接下来的所有操盘计划都是围绕目标股票展开的。

（2）各主要阶段操盘手法。操盘手法是庄家为了实现其坐庄计划而采用的操盘技巧，在庄家坐庄的四个主要步骤中，每一步采取的手法都是有所侧重的，而不同的操盘手法会在操盘计划书中表现出来。例如：庄家会在建仓的手法上做出选择，究竟是采取打压股价建仓、盘整建仓还是采取拉升建仓的手法，都会在计划书中有所体现。

（3）操盘的目标。庄家为了顺利坐庄，必须制定相应的操盘目标，只有这样操盘的过程才不会盲目，通过操盘才可以获得最佳的操盘成果。操盘的目标包括操盘手每一个操盘步骤中的获利水平、资金占用状况、股价变动水平以及需要的操盘时间等。

（4）资金分配计划。坐庄前庄家会针对所选股票的流通盘大小，制订出针对每一个操盘步骤的不同资金分配计划。例如：建仓阶段对于长线庄家来说就是一个非常占用资金的阶段，相应分配的资金就多一些；而洗盘阶段时间比较短暂，占用资金可能会少一些；拉升阶段则需要摆脱抛盘的压力，更需要放大成交量才能完成，这样分配的资金也会很大。

（5）人员分配计划。为了完成坐庄过程，事先在操盘计划书中规定人员的岗位分工、职责、任务目标等就十分有必要了。只有人员分配到位了，坐庄的过程才会更顺利，坐庄的流程才会更通畅。

五、了解庄家坐庄全流程

庄家的资金庞大，要想操纵一只股票，不可能短时间内得以完成，需要一定的时间和周期。操作一只股票既包括前期的调研和准备，又包括后期复杂买卖股票和操作股价。操盘的过程大体上可以分为四个阶段：建仓阶段、洗盘阶段、拉升阶段以及出货阶段。这几个过程并不是缺一不可的，但是必须经历的过程是建仓、拉升和出货。有时候不同的操作过程可以穿插进行，而有时不同的操作过程又可以多次进行。

例如：庄家可以采用涨停的方式建仓，并且在这个过程中完成拉升股价的操作。等待股价上涨到目标价位之后，立即放量出货，这样就节省了洗盘的操作过程。在建仓完成以后和拉升的过程中庄家可以不断地进行洗盘，只要庄家还有心拉升股价，洗盘的操作就不可避免。随着股价不断上涨，获利盘不断增加，洗盘就可以将这些获利盘清除掉，便于庄家不断地拉升股价。同样地，拉升的动作也不是一蹴而就的，通常是需要不断的阶段性的操作，才能到达目标价位。在庄家出货的时候，成交量和换手率决定了出货时间的长短。成交量放得越大、换手率越高出货所用时间越短暂。如果没有相应的成交量和换手率，庄家出货的次数也会随之增加，很多时候庄家会采取边拉升边出货的手法。

1. 建仓阶段

庄家操作股票的第一件事就是建仓，也就是从散户手中接过筹码。建仓可以说是操作股票的必经之路，不论是散户还是庄家都需要先买入股票，才能够进行后续的操作，不买入股票就谈不上操纵股价的问题。庄家建仓需要选择恰当的时机使用恰当的手法才能够达到目的。庄家从散户手中抢到筹码，必要的恫吓是必须有的。把股价打入跌停的价位是庄家惯用的抢夺低价筹码的手段。不仅如此，庄家还可以利用拉升的手法，使得被套牢的投资者解套自动出售股票，庄家即可以轻而易举地得到筹码后等待拉升股价了。从时间上来说，越是长庄其建仓的时间越长，今后股价拉升的幅度也越高。所以，在庄家长时间的建仓过程中，就需要投资者耐心应对。如果庄家采取长时间限制股价上涨的策略建仓，投资者将不得不忍受股价滞涨的尴尬局面。

2. 洗盘阶段

洗盘在庄家操控股价的过程中虽然比较重要，但是并非庄家想要做的一个动作，为了减小今后拉升股价的阻力，降低拉升成本，庄家不得不选择股价拉升之前的洗盘动作。除此以外，在洗盘的过程中庄家可以在散户抛售股票时趁机买入更加廉价的筹码，这样又再次降低了持仓的成本，可谓一举多得。洗盘的时候庄家已经持有相当可观的流通筹码，完全可以使股价发生180度大拐弯的变化。如以跌停的抛售方式打压股价，控制股价的涨跌幅度，使股价在一个很小的范围内波动，这些都是庄家惯用的手段。

3. 拉升阶段

拉升是庄家操纵股价过程中非常重要的一环，只有通过拉升股价才能够不断地将获利放大。拉升过程也并非一帆风顺，当中会有很多的获利盘不断回吐，制约着股价继续上涨。庄家只有通过不断的洗盘才能够实现股价翻倍上涨的目的。庄家在拉升的手法上可以选择按部就班地缓慢拉升、边打压边拉升、连续涨停拉升。不管采取何种手法拉升股价，只要股价能够上涨到目标价位，都是可以采用的手法。

4. 出货阶段

庄家获利的最直接办法是出货，只要没有出货，盈利只是账面上的利润，随时都有可能化为乌有。因此，出货对于庄家来说是至关重要的。为了能够顺利完成出货，庄家会采取许多欺骗诱多手法，使散户主动接过庄家卖出的股票。一旦散户没有避免这种诱惑，买入了失去庄家的股票，那么当市场进入熊市当中，股价会有很大幅度的下跌空间，散户的损失也将是非常严重的。在出货阶段，股价一般都会发生非常明显的趋势变化，投资者应该尽

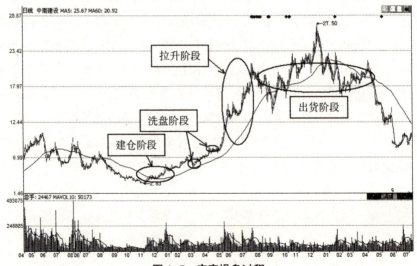

图1-5 庄家操盘过程

量避免无谓的追高，防止掉进庄家设下的陷阱当中。庄家出货时候，股价常见的表现有 M 头 K 线反转形态、单根大阴线放量下跌反转、十字星反转以及连续跳空反转等。

　　如图 1-5 所示，庄家坐庄的过程可以分为建仓阶段、途中的洗盘阶段、大幅度的拉升阶段和出货阶段。庄家在运作中南建设（000961）这只股票时，操盘过程耗时一年零五个月，股价由最初的最低价 2.83 元/股大幅度上涨到最高 27.50 元/股，涨幅高达 972%，属于实实在在的大牛股。在坐庄的过程中，庄家的资金在建仓时不断地进入持仓状态，建仓完毕之后经过两次洗盘调整，股价被连续两次大幅度地拉升。最后终于在市场走弱的时候，随着指数的下跌而逐渐完成出货的操作。

第二章 关注——重点把握庄家的炒作题材

一、庄家对资产重组的炒作

资产重组并没有一个明确的概念，但是可以大致理解为一切可以为上市公司带来收益的资源重组。可以为上市公司带来收益的资源包括人力资源、财产资源等。

资产重组中经常用到的方式是通过定向增发股票来进行重组。定向增发股票就是向特定的投资者发行股票，也就是所说的私募。私募按照定向增发的对象以及交易结构可以分为资产并购型增发、财务型定向增发、增发与资产并购相结合和定向增发收购其他公司四种方式。定向增发股票后，上市公司可以抓住潜在的发展机遇，提高公司的管理水平，最终提高上市公司的业绩水平，为股东带来更多的股息和股价增值收益。庄家也正是看中了这些，才会对定向增发这种资产重组方式抱有极大的兴趣。在资产重组的消息真正发布前，庄家就利用自己掌握的信息提前布局，等到消息进一步确认后，庄家会急速拉升股价，以暴涨的方式开始牛市行情。

资产重组的过程就是股票"乌鸦变凤凰"的过程，庄家是一定不会错过抓住"凤凰"的机会，大举建仓有重组机会的股票是庄家常用的投资手法。

贵航股份（600523）作为中国航空行业中综合配套能力最强、配套产品最全的集团公司，拥有飞机、航空发动机、机载设备等专业化产品。公司在"十一五"期间将建成国内最大的高级教练机和无人机的科研生产基地。并且该公司是有着 20 年研发历史的汽车零部件生产企业，在人力资源、管理费用和能源等方面的优势明显。

这样一个基本面可圈可点的上市公司，在发生重组的时候庄家肯定不会错过拉升股价的机会。贵航股份相关公告称，该公司的控股股东——中国贵州航空工业（集团）有限公司对上市公司的重大资产重组方案已初步制定，并且公司董事会拟定于 2009 年 2 月 2 日召开会议审议此次重组方案。具体的重组步骤是：一是在一年的时间内将机载设备等优良产业和优质资产注入贵航股份。二是适时地注入飞机、无人机中的专业化产品及系统，最终争取实现贵航集团的整体上市。

如图 2-1 所示，在贵航股份宣布重组后，2009 年 2 月 13 日开盘之后，股价立即以涨停价开盘，然后在接下来的 4 天中又连续以涨停价开盘。股价由 2008 年 12 月 31 日的收盘价格 9.10 元/股上涨到了 2 月 17 日的 14.65 元/股，涨幅高达 61%。

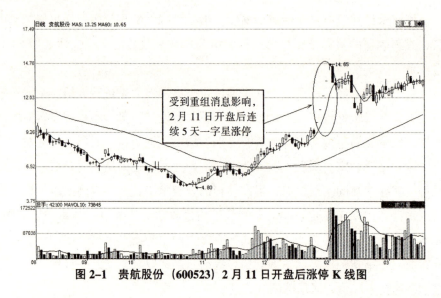

图 2-1　贵航股份（600523）2 月 11 日开盘后涨停 K 线图

贵航股份的庄家利用这次重组的机会，在股东大会停牌开始交易后的第一时间就将股价拉升到涨停价位，如果不是事先介入的投资者根本不可能有机会进入该股。

二、庄家对预增预盈的炒作

预增预盈是指上市公司在以后各期的收益大于前期的收益，并且增长幅度比较大。上市公司的盈利业绩情况是影响股价变动的重要原因，只有公司的业绩提高了，相应的股价才能够提高。那些牛市中虚高的股票虽然也能够炒作起来，但是真正在大盘开始下跌的时候就会成为领跌的股票。而那些绩优的股票，在一般的小熊市中是不会有很大的跌幅的。抗跌性强就是业绩有力支撑股价的表现。股价的上升过程和持续的高位运行需要的就是业绩提升。

既然投资者追求的都是有实际盈利的公司股票，并且盈利水平越高越好，那么庄家炒作那些预增预盈的股票也就很容易被理解了。预增预盈意味着不仅业绩增加，而且业绩增加的幅度是相当可观的。特别对于那些被戴上"ST"帽子的股票，盈利不仅是利润增加的问题，而且意味着公司的经营状况很可能由此发生质的变化。连续的盈利会使公司摘掉"ST"的帽子，公司的股票重新具备大幅度增值的潜力。这对投资者的吸引力无疑是非常巨大的。庄家也正是看重了这一点，才会大举建仓这种股票，在实际的盈利兑现以后再充分地拉升股价。

很多时候，庄家会在中报、年报出来之前就提前预知相关公司业绩的高增长结果，待到年报真正兑现的时候，股价很可能已经被庄家拉升了几个涨停板的幅度。

在2010年中报发布临近的时候，业绩预增股票又开始轮番上演大涨的行情。

例如：创建于1992年的中联重科（000157），是在原长沙建设机械研究院基础上"孵化"出来的高科技上市公司。作为中国工程机械装备制造龙头企业，它主要从事建筑工程、能源工程以及交通工程等国家重点基础设施建设所需要重大高新技术装备的研发制造。公司混凝土机械、中大型塔式起重机和环卫机械的市场占有率居全国第一，是全球产业链最为齐全的工程机械企业。自公司成立以来，公司以每年50%以上的速度发展。截至2009年底，中联重科的销售收入达到 207.62 亿元，同比增长 53.24%。归属母公司净利润为 22.97 亿元，增长 55.81%。2009 年每股收益为 1.42 元，实现分配方案为每 10 股派 2.5 元。

这样一个基本面非常好、业绩持续高增长并且分配方案不间断的企业，加上预增的预期，对庄家而言，其大举炒作的理由已经足够充分了。庄家炒作该股只是时机问题。在 2009 年中报即将发布前，公司的业绩预增长高达 50%~100%。如果说预增题材还不足以使庄家拉升股价，那么预计 10 股送 15 股派 1.7 元，拟发行 H 股的利好消息，使得股价上涨有了非常充分的理由。

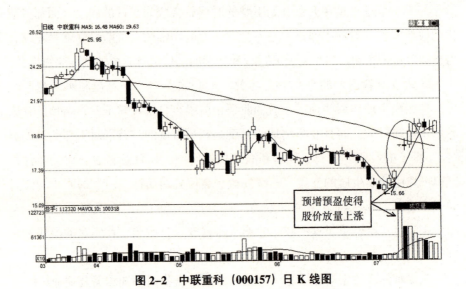

图 2-2　中联重科（000157）日 K 线图

如图 2-2 所示，2010 年 7 月 7 日，中联重科的股价在三大利好的刺激下大幅度高开，并且以涨幅 9.84%、涨停收盘价 19.09 元/股报收。当日成交量冲高，相比前一天放量 8.6 倍。放巨量开盘涨停不是散户所能够做到的，只有资金相当大的庄家才能够做到这一点，庄家也正是利用资金在开盘的时候拉涨停，打开了中报预期炒作的大门。由此个股的中报炒作攻势也相继展开。

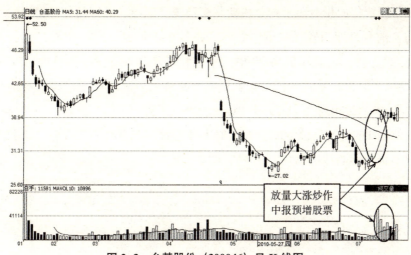

图 2-3　台基股份（300046）日 K 线图

如图 2-3 所示，2010 年刚刚上市不久的台基股份（300046），由于公司的主营业务良好发展，以及当时存款利息大增和政府相关补贴等因素，中报净利润预计增长 80%~120%。新股本身就具有炒作的资本，而且中报预计又大增，庄家在市场开始炒作中报预增的时候趁势追击，在 2010 年 7 月 7 日和 7 月 8 日连续两天把股价强行拉至涨停价位，股价上涨高达 20%以上。

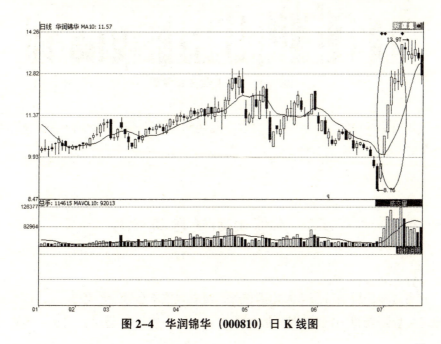

图 2-4　华润锦华（000810）日 K 线图

华润锦华股份有限公司是主要从事纺织、织布、纺织品制造销售的上市公司，前身是四川省遂宁市纺织厂。如图 2-4 所示，2010 年 6 月底股价为 10 元/股左右，市盈率仅为 20 倍。中报显示华润锦华业绩预计大涨 460%～490%。庄家正是看到了该公司业绩突飞猛进的发展，于是借机大举抬高股价，股价由 2010 年 6 月 29 日的最低 8.76 元/股，快速上涨至 14 元/股附近，7 个交易日的时间狂涨 60%。在当时上证指数弱势下跌的过程中，该股成为一只不折不扣的"小黑马"。

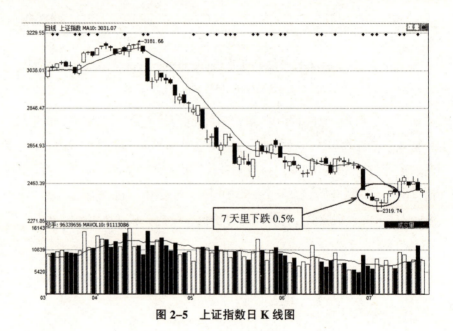

图 2-5　上证指数日 K 线图

如图 2-5 所示，当时上证指数在此期间小幅下跌了 0.5%，与华润锦华的走势形成了鲜明的对比。

三、庄家对高送转的炒作

高送转是指上市公司大比例送股，或者以资本公积金转增股本，如每 10 股送 8 股或者每 10 股送股 6 股转增 3 股等。不管上市公司如何送股转增股票，投资者手中的股份数量是增加的，但是每股所对应的收益却被稀释了。因为上市公司的业绩并没有因为配股而受到任何的变化。

　　既然高送转并没有给投资者带来真正的收益，那为什么能够成为庄家炒作的依据呢？其原因之一就是市场中总有喜欢追逐低价格的投资者，见到股价送转之后被拦腰折断，就忍不住去抢购股票。而事实上股价的复权价格可能一直高高在上，并未有丝毫的下跌。如果上市公司具有高成长性，股价很可能因为送转而大幅度的上涨。但是不能够维持业绩的公司，如果不间断地送股，这样做的结果只能是股价进入下跌趋势当中不能自拔。投资者买入这样的股票也不可能有好的收益。但是市场中也有不少的股票在高送转之后，都出现复权上涨的情况。这样的股票有苏宁电器（002024）、华兰生物（002007）、思源电气（002028）等。

四、庄家对上市新股的炒作

　　上市新股固然是比较好的炒作对象，但是在市场中新股发行节奏加快、大盘走势又不佳的时候，炒作新股就不是稳赚不赔的买卖了。

　　炒作新股是众多投资者的嗜好之一，原因就是很多时候新股在上市之初涨幅是非常惊人的，甚至某些个股单日就有翻倍上涨的情况发生。但不是任何新上市的股票都有很大的上涨潜力，如果新股有以下一种或者几种特征，那么投资者应该尽量回避，不能指望其股价有很大的涨幅。

　　第一，盘子过大、估值过高的股票。上市公司的流通盘过大，本身就为庄家带来了非常大的困难。恐怕没有哪一个庄家能够操纵得了上千万流通市值的股票，即使可以操纵，在出货的时候也难以找到接盘的投资者。庄家找不到接盘的投资者，出货就面临很大的问题了。像中国石油（601857）流通盘高达40亿股，上市发行价格定在了16.70元/股，首日收盘价格为43.96元/股。43.96元/股的股价对应的市盈率高达57倍。超大市值的股票对应如此高的市盈率，下跌是很正常的。事实上，中国石油上市之后一路下跌到10元/股附近才止住跌势。

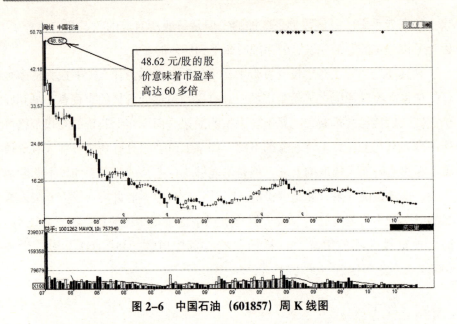

图 2-6　中国石油（601857）周 K 线图

如图 2-6 所示，中国石油的盘子过大（40 亿股），上市后首日收盘价位过高（上市首日收盘价为 43.96 元，对应市盈率 57 倍），遭到了多数投资者的抛弃，股价在之后的长达 10 个月的时间中一直处于下跌的趋势当中。

第二，毫无热点可言的股票。热点是庄家操作股票的理由，没有任何可以借势炒作的条件，庄家又怎么可能会下大力气炒作呢。尤其是在新股扎堆上市的时候，没有热点就失去了炒作的意义，这样的股票庄家是不会进驻的。毕竟市场上有很多可以选择的股票，庄家不会盯着那些无利可图的股票不放。

投资者如果想跟着庄家一同炒作新股，可以参考以下相关的技术指标：

1. 上市首日的换手率

上市之初换手率高一点，说明庄家积极参与建仓股票，后市看涨。一般来说，换手率超过 10% 说明已经有庄家进驻股票了。但是有庄家进驻并不意味着股价会拉升，换手率在 50% 以上的股票很可能是庄家重点建仓的对象，投资者可以密切关注走势。

2. 上市首日的均笔成交量

庄家参与股票买卖与散户相比有很大的不同，这就是均笔成交量。散户的资金小，均笔成交量一般是不会超过 1 万手的水平。如果新股在委托笔数上经常出现上万手的现象，那么证明庄家已经大量参与买卖该股，笔数越大证明庄家越迫不及待地抢筹，后市看涨的潜力越大。

3. 上市后的量价关系

量价关系最能够说明股价的上涨潜力。新股如果在上市后能够发力上攻，之前肯定会有价增量涨的庄家短时间内建仓的现象，而缩量下跌洗盘的动作也是必不可少的。经过放量建仓、缩量洗盘，庄家很可能在不经意间把股价拉升至目标价位。

4. 股票的中签率

如果股票的中签率低，则表明市场中看好新股的人数众多，相应的庄家就不能收集到足够的筹码，这样不论股票有多少热点，都不会有很大的涨幅。相反中签率高的新股，庄家有机会抢到足够的筹码，手中有了足够的筹码，拉升股价就非常容易了。

格林美（002340）是一家 2010 年 1 月 1 日发行上市的循环经济企业。其所属公司深圳市格林美高新技术股份有限公司是一家由深圳市汇丰源投资有限公司、广东省科技风险投资有限公司等八家公司合资成立的股份制企业，其注册资本 6999 万元，净资产 22000 万元。公司主营业务是二次资源通过循环技术生产高技术材料，并且该公司是国内最大的采用再生钴镍资源直接生产超细钴镍粉体企业，再生生产水平居世界先进之列。该公司还参与制定了 10 项国家和行业标准。

公司在 2010 年 1 月 1 日公开发行 2333 万股，发行价位为 32.00 元/股。股票的中签率不是很高，只有 0.81%，但是上市首日收盘价为 56.71 元/股，相对于发行价大涨 77%，并且股价当日换手率高达 86.53%。

如图 2-7 所示，格林美上市首日，开盘股价就被放量拉升到了涨幅高达 80% 的水平，当日股价维持不动，直到收盘为止。在接下来的几天中，该股每天都有 20%~40% 的换手率，并且股价稳定地被拉升。如图 2-8 所示，从格林美的平均成交量来看，不论是上市首日的成交量还是上市后几天的平均成交量都还是比较大的。上市首日的成交量聚集在开盘拉升股价的阶段，呈现出巨量拉升的现象。上市后前几日庄家再次吸筹又造成了平均成交量维持在高位运行。在庄家吃足了货之后，股价开始不断上涨，在上市首日上涨 77% 的基础上，又在以后的三个月中上涨了 67%。

图 2-7　格林美（002340）2010 年 1 月 22 日分时图

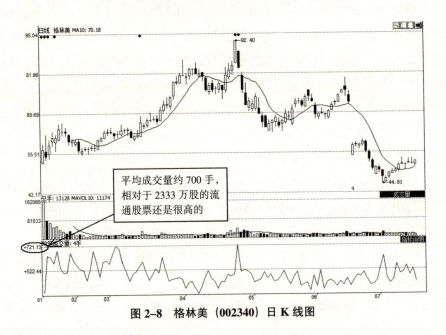

图 2-8　格林美（002340）日 K 线图

　　科冕木业（002354）所属上市公司为大连科冕木业股份有限公司，成立于 2003 年 8 月。公司主营业务为实木地板，是国内重要的 ODM 贴牌供应商。如图 2-9 所示，该公司在 2010 年 2 月 9 日首次在深证市场上市发行 A 股 2350 万股，股民中签率仅为 0.25%，中签率如此之低使得庄家不可能收集到足够的筹码。但是上市首日该股的换手率高达 82.59%，加上巨大的成交量庄家已经收集到足够的筹码。股价高开并且上涨 45%，巨大成交量加上巨大换手率证明必有庄家进入建仓。

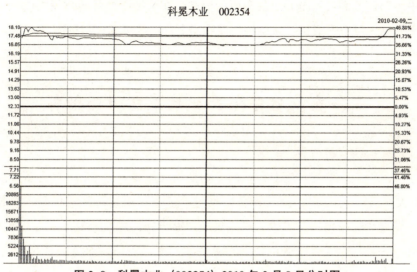

图 2-9　科冕木业（002354）2010 年 2 月 9 日分时图

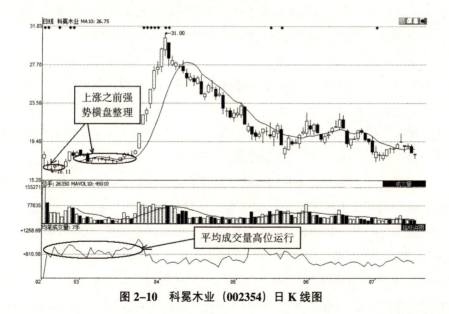

图 2-10　科冕木业（002354）日 K 线图

如图 2-10 所示，科冕木业（002354）上市之后股价走出了缩量强势整理的走势，从强势整理中也可以看出量价配合的良好关系，即"价涨量增，价跌量缩"。而在连续多天的整理当中，该股的平均成交量维持在800手以上，800手相对于2350万股的流通盘来说已经是相当大的数量了。由此可见庄家是在利用整理的机会不断完成建仓的操作，这时候的建仓正好弥补了由于中签率过低而没有抢到足够筹码的弊端。在持续一个月的整理之后，庄家终于开始放量拉升股价，从图中可以看出上涨时明显的放量过程。

五、庄家对符合产业政策题材的炒作

国家的宏观调控政策对行业的影响是相当重要的，尤其是当经济发展不景气、某些行业出现严重的经营困难时，国家可以通过减免税收、变相补贴、调整产能、出口退税等方式，对受到影响的企业给予多方面的支持，使企业尽快渡过难关。受到支持的相关产业的上市公司，业绩必将有所改观，甚至有的公司会借机发生脱胎换骨的变化。反映在股市中就是众多利好的股票会利用板块的联动效应不断地上冲，庄家正好介入操盘并且大赚一笔。

在2008年出现的金融危机将全球经济的上涨趋势一举打破，不仅金融危机的核心地带——美国受到了严重的冲击，远在太平洋彼岸的中国也不能独善其身。国家制定了一系列的调控政策支持企业发展，其中最令人关注的是十大产业的政策。十大产业包括：汽车、钢铁、船舶、石化、纺织、轻工、有色金属、装备制造、电子信息以及物流业。每当一个产业的振兴规划出台时，相应板块的股票会集体狂涨一段时间。

2010年上半年最为火热的板块要数新能源板块和有色金属板块了。新能源板块中的新能源汽车板块相关个股收益将是最大的。到2012年国内的汽车销量中将有至少10%的份额被新能源汽车占据，也就是说如果按照汽车销量1000万辆来计算，其中有100万辆的汽车将是新能源车。为了支持新能源汽车的发展，国家财政部早在2009年就公布了《节能与新能源汽车示范推广财政补助资金管理办法》，从资金上直接支持消费者购买新能源车，利好消息不断给投资者带来上市公司业绩高增长的良好预期。庄家借题发挥，果断介入其中，使得相关的股票持续地狂涨。

德赛电池（000049）是电池行业的领军企业，公司的经营范围主要有碱锰电池、一次锂电池、锌空气电池、镍空气电池、镍氢电池、锂聚合物电池、燃料电池及其他种类电池。该公司分别控股电池公司、蓝微电子和惠州聚能三家子公司，以及间接控股惠州锂电和参股惠州亿能。惠州亿能在电动汽车电源管理系统业务方面已经首先具备了技术领先优势，与市场中其他公司相比具有比较明显的先发优势，在国内新能源汽车 BMS 领域占据行业领先地位。

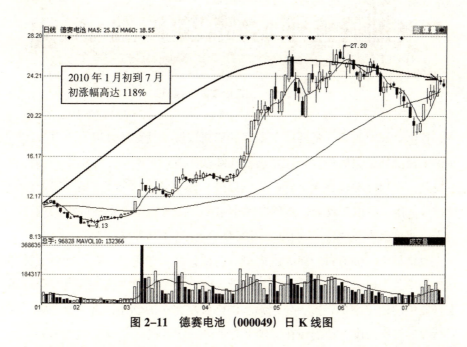

图 2-11　德赛电池（000049）日 K 线图

公司电池市场中的多个细分市场处于国内领先地位，值得一提的是公司参股的汽车电源管理系统中的多项技术获得国家专利，一次锂锰电池、锂电池等也位于国内领先地位。在新能源电池概念的激励下，庄家在 2010 年上半年大幅度地拉升该股，如图 2-11 所示，股价由 1 月初的 11 元/股左右大幅度上涨到 7 月初的 24 元/股附近，6 个月的涨幅高达 118%。但是同期上证指数却由 3150 点附近下跌到 2500 点的位置，跌幅超过 20%，如图 2-12 所示。同期的个股也是跌多涨少。德赛电池在股市下跌中的反常上涨创造了一个不小的神话。

图 2-12　上证指数日 K 线图

有色金属中的稀土资源属于国家的战略资源，其稀缺性以及不可替代性使稀土资源如金银般珍贵，国家已经连续多年对钨矿、锑矿等稀土矿实行总量控制，出口配额也逐年下降。除此以外，国家已经通过了《稀土工业污染物排放标准》和相关政策，强调提高集中度和准入门槛，由此国内的近百家稀土企业重组为 20 家，从而形成国家对稀土产品的定价权。

包钢稀土（600111）作为国内最大的稀缺资源垄断股，它依托白云鄂博稀土与铁共生矿，占世界稀土储量的近 50%，公司不仅在国内而且在全球稀土行业中的地位举足轻重。包钢稀土国际贸易公司的创建也进一步加大了其对行业的控制力度，使公司在定价上有更多的发言权。

稀土更是由于在低碳新材料产业的应用而逐渐成为需求的主角，而且在动力电池的应用当中，稀有金属也发挥了举足轻重的作用。而新材料和动力电池正是国家政策大力扶持的对象，有众多国家扶持热点的包钢稀土，怎么会受到庄家的冷落呢？即使在市场大跌的情况下也可以逆势上涨。

如图 2-13 所示，包钢稀土（600111）在 2010 年 2 月初打开了上涨的通道，最高价格被不断地刷新，最终股价由最初的 21 元/股上涨到 5 月 27 日的 44 元/股附近，涨幅更是达到了翻倍的程度。而同期的上证指数却从 2900 点附近下跌到 2600 点，跌幅达 10%，这样两者就形成了鲜明对比，如图 2-14 所示。

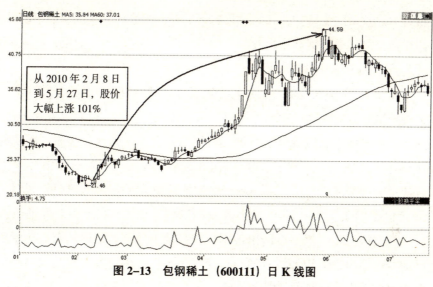

图 2-13　包钢稀土（600111）日 K 线图

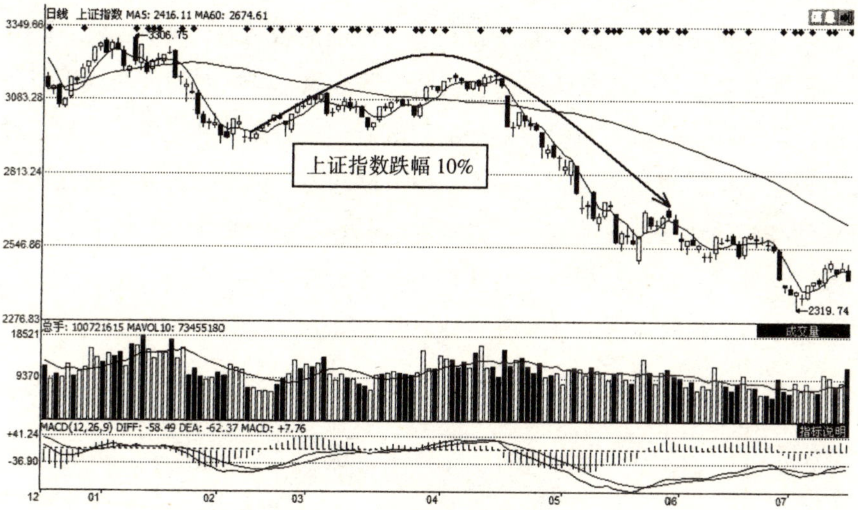

图 2-14　上证指数日 K 线图

六、庄家对不同地域题材的炒作

在题材炒作的众多选项中，区域题材的炒作也是庄家偏好的一方面。分属不同区域中的股票之所以能够成为庄家炒作的对象，都是因为国家针对性的相关利好政策的支持。在利好政策的指引下，庄家就会在适当的时机轮番炒作相关股票，并且被炒作的股票很可能会发生板块联动的效果，共同上涨或者共同下跌。

早在 2005 年国家发展研究中心就提出了"四大板块、八大经济区"方案，将全国划分为东部、中部、西部和东北四大板块，并且将这四大板块划分为八大经济区，在区域经济发展不平衡的背景下，强化各区域主题功能，提高整体发展水平。而到了 2009 年国家又批复了九个区域经济发展规划，区域数量大为增加。2010 年在调整经济发展结构方针指引下，区域经济的调整方面也受到很大的关注，因此区域经济成为 2010 年上半年市场热点，"黑马"随处可见。"黑马"的出现不仅仅是由于投资者追逐热点板块所致，更是因为庄家也随着市场热点的转换而捕捉各板块的潜在"黑马"，建仓并且在板块轮动中拉升股价以攫取利润。

区域题材中的成渝板块是庄家喜欢炒作的区域之一。2010 年 2 月 1 日，以国家发改委主任为组长的国家部委联合调查组，开始对渝蓉两地进行密集调研，以便对《成渝经济区区域规划（初稿）》进行提升和完善。在与当时的发改委地区经济司相关负责人的谈话中可以知道，国家相关部门正在研究制订成渝等相关地区的发展规划。受到这些利好消息的影响，投资者普遍预期酝酿三年的成渝经济区规划即将获得实质性突破，庄家也借此机会大炒、特炒相关个股，短时间内成渝地区相关个股涨幅惊人。

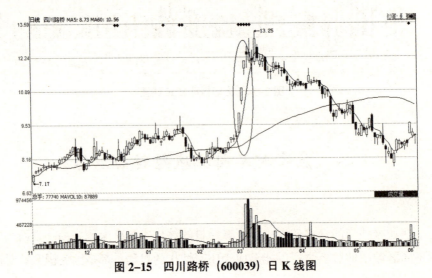

图 2-15　四川路桥（600039）日 K 线图

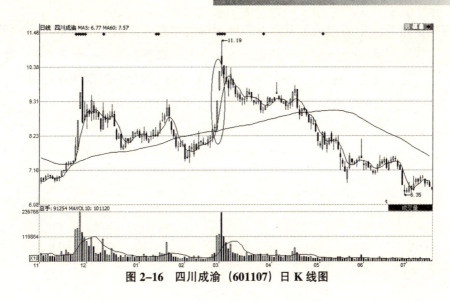

图 2-16　四川成渝（601107）日 K 线图

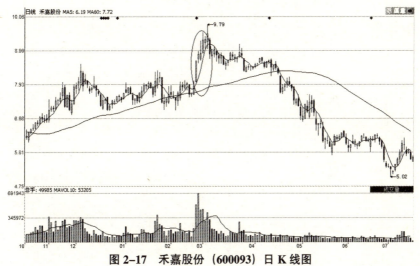

图 2-17　禾嘉股份（600093）日 K 线图

四川路桥（600039）全称四川路桥建设股份有限公司，由四川公路桥梁建设集团公司于 1999 年发起创立，该公司具有公路工程施工总承包一级资质，主要从事公路、桥梁、隧道的承包以及施工投资等业务。可以说，四川路桥是四川乃至全国公路桥梁建设的主力军，工程遍布全国各地并且涉足海外市场。这样一个典型的成渝地区上市公司，在受到国家调研成渝、完善成渝地区发展规划的带动下，股价在几天时间内迅速上攻。先知先觉的庄家将股价疯狂拉涨到四个涨停板的幅度，如图 2-15 所示。不仅仅是四川路桥，四川区域板块中的相关股票都有不同程度的上涨，如图 2-16、图 2-17 所示，四川成渝（601107）、禾嘉股份（600093）都至少拉出一个涨停板的幅度。可见庄家操控区域板块的力度还是非常大的，区域个股即使有一只发生异动，进驻其他股票的庄家也会紧随其后、顺势拉升股价。

第三章　探秘——深度理解庄家的操盘手法

一、QFII 的操盘手法

QFII 与国内 A 股的投资者在选股方式、操盘手法上有很大的区别。QFII 经常被认为是市场中的"先知先觉者"。他们的动作总是比国内的基金公司要快一拍，能够提前一步发现股价虚高的风险和潜藏的投资价值，并且能够及时做出相应的反应。

历史上就有 2005 年 A 股处于 1000 点附近和 2008 年股市下跌到 3000 点时，QFII 大举抄底从而获得成功的例证。作为外国进入国内的机构投资者，QFII 之所以成功与其说是偶然，倒不如说是由其独特的操作手法和独树一帜的选股方法决定的。

就在 2008 年 4 月，上证指数下跌到 3000 点附近时，也是国内基金经理们觉得无望时，QFII 再一次成功抄底 A 股。事实上早在 2008 年 3 月底到 4 月，与国内众多基金公司持续不断地建仓形成鲜明对比的是，QFII 依旧按照自己的操作策略稳步加仓 A 股。在上证指数接近 3500 点时，QFII 就已经开始盘算着抄底的计划了。值得一提的是，在指数从 3500 点下跌到 3000 点的过程中，快速下跌并未使 QFII 的投资热情受到影响，反而却越战越勇，就好像牛市即将来临一般。

就在证监会宣布降低印花税救市政策的时候，QFII 云集的上海淮海中路营业部再次成为沪市资金净流入金额最大的席位，全天买入 9.5 亿元，卖出

2.7 亿元。印花税率的下调使得 QFII 的大抄底行动以大获全胜而告终。但是，这时期基金公司表现如何呢？国内的基金公司在 4 月初的 11 个交易日中累计卖出 197 亿元的股票，错失了抢反弹的机会。

抄底成功的 QFII 有其成功的秘诀，首先，它进行了多方面细致的分析和精心周密的策划。这一点是国内基金公司非常值得学习的地方。例如：在 2008 年金融危机股市大跌的时候，当美股企稳时，摩根大通发布的报告称，建仓 MSCI 中国指数的机会已经到了。并且汇丰、花旗等国家知名投行一致同意中国政府救市的政策一定会提高 A 股的投资吸引力，A 股市场已经具备很强的长期投资价值。

其次，QFII 悄悄地做了充分的准备。2008 年 3 月，分歧不断的机构并没有注意到的一个事实：QFII 已经准确把握了政策的动向，并且开始购买筹码了。由 2008 年第一家获准的 QFII 基金（哥伦比亚大学投资基金）可以看出，QFII 已经开始大量抢夺筹码了。

再次，QFII 获得成功很大的一个先决条件就是"提前建仓策略"。之所以采取这种提前买入的方法，主要是限于资金量的不足，不能够跟国内的基金、券商等机构进行竞争。QFII 如果想要获得很好的投资收益，就必须先下手。先于资金庞大的机构动手建仓，可以保证 QFII 在以后的市场中能够拥有足够的筹码来坐庄和获得更多的投资收益。

最后，一个很好的投资策略就是"少量资金先行试探，大量资金后边压阵"。使用少量的资金先进入空头市场，试探一下市场中做空能量的大小，然后在适当的时机用大量的资金入市来改变市场的多空状况。在 2008 年 4 月初，QFII 已经使用少量的资金来试探多空双方的力量大小，并且在印花税的利好政策发布时，果断大举加仓 A 股。加仓之后，股价在利好政策的带动下迅速反弹，QFII 取得了反弹之后的巨大胜利。

总之，QFII 在投资 A 股时的操作策略可以概括如下：理性分析、寻找低估个股、果断建仓和控制风险。也就是说，QFII 操盘的时候一定是在很理性的分析基础之上，制定了相应的投资决策之后才开始行动的。在选择个股时，重点要关注那些具有低估价值的股票，只有这样的股票才更加具有投资的价值。并且，在市场基本面朝着好的方面改变时，寻找合适的机会快速地完成建仓的动作。当然，以上这些都是基于控制投资风险的。QFII 建仓时采取先用少量资金试盘，然后大举建仓的手法买入股票。普通的投资者都可以将这种建仓方式为自己所用，从而取得丰厚的投资收益。

不管怎样，外来的 QFII 基金很重要的一条投资原则就是：价值投资。不论投资手法如何，其基本的原则都是要遵循价值投资原则。寻找物有所值的股票，是 QFII 投资成功的关键所在。

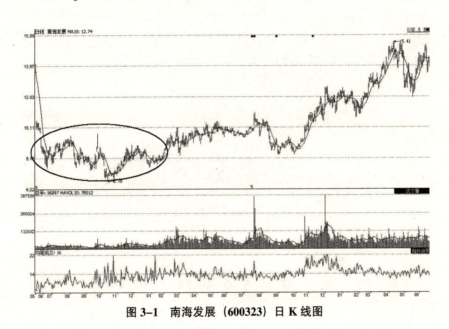

图 3-1 南海发展（600323）日 K 线图

如图 3-1 所示，图中标注了南海发展（600323）在 2008 年牛市当中日 K 线走势。可以看出的是该股企稳的时间是比较短的，早在 5 月的时候，股价已经接近最低价格，这与 QFII 资金的涌入是密不可分的。QFII 的动作通常都比国内的基金公司快一些，在入驻该股的时候也不例外。

如图 3-2 所示，上证指数的企稳时间与南海发展相比有明显的滞后性。2008 年 5 月的上证指数是 3300 点左右，而到了 11 月时已经跌破 2000 点的大关了。南海发展的走势与上证指数的走势出现如此大的差距，说明 QFII 的建仓动作明显领先大盘一步，走势上也是相对比较平稳。

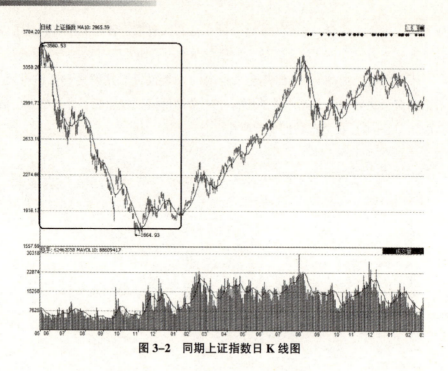

图 3-2 　同期上证指数日 K 线图

二、社保基金的操盘手法

社保基金投资运作的基本原则是在保证基金安全性、流动性的基础上，实现基金的增值。如何实现保值安全和保值增值呢？基金经理在选择操盘策略以及股票方面要有一套独特的方法。而不能像国内的一般基金公司，按照自己的投资意愿自主地进行投资。

从操盘手法上来讲，社保基金不管何时都是比较稳健的机构投资者。它们在制订投资计划时，经常是选择一些盈利比较稳定、公司股价估值不太高，有稳定分红的公司股票。如高速公路类、港口类和传媒类等公司的股票，即社保基金真正属于价值投资的机构投资者，投资的目标股票一定要具有投资价值，且股票还要定价合理。

熊市当中几乎所有的股票都在阴跌，没有人会大量买入股票，基金公司想要投资股票市场也应该是很谨慎的。尤其社保基金，在建仓时机的选择上更是慎之又慎，没有绝对的把握不会轻易入市。当然，一旦社保基金大举入市，那么投资者再买入股票一般都会是很安全的。原因很简单，对股票投资的安全性和流动性要求非常高的社保基金都敢于入市建仓，那么普通投资者还有什么理由拒绝入市呢？事实上，在漫长的熊市当中，社保基金的入市行为通常也被认为是市场转暖的重要信号之一，投资者可以根据社保基金的动向来选择入市的时间。

社保基金参与坐庄的股票，从日K线的走势上来看都是比较稳健的。大涨大跌的股票常见于很多热门股票中，但是社保基金坐庄的股票通常不会发生大涨大跌的现象。社保基金坐庄的股票，通常都会按照一定的轨迹稳步上涨。在一般情况下，指数的走势对社保基金坐庄股票的影响比较大，同涨同跌的情况是比较常见的。在牛市当中，众多的题材股票、热门股票都在疯狂上涨，但是社保基金持有的股票大多属于那种"慢牛"的类型。等待市场中的众多股票都已经轮番上涨完毕，且股价即将见顶的时候，社保基金持有的股票可能就会延续最后的一波上涨。

除此以外，社保基金在逃顶时机的选择上也是非常果断和及时的，因此在持股时间上相对短暂。不追求超额的投资收益，而是追求不断增值的稳定投资收益是社保基金的坐庄原则。因此在股市经历了一波长时间的上涨之后，首先卖出股票的就是社保基金了。如果指数在长时间的上涨过程中，突然出现破位下跌的现象，那么逃得最快的机构当中一般都会有社保基金的身影。因为市场中还没有其他机构像社保基金这样，能够很保守地投资。很多基金公司都是希望不断获得较高的投资收益，像私募基金之类的机构就属于这类。

社保基金的保守投资策略的实现者是基金公司，社保基金采取了委托投资的方式，选择合适的基金公司代为投资。而代理投资很重要的一个业绩考核标准就是能够降低投资风险并且能够实现投资收益最大化，这类机构才有可能在以后获得更多的社保投入资金。这样，负责管理社保基金组合的机构会按照社保的要求，自觉进行稳健的投资，减小投资的风险。在市场见顶的时候，在基金公司管理的各种基金（社保基金、企业年金、专户理财和普通开放式基金）当中，属于社保的资金一定是基金公司最先出售的。

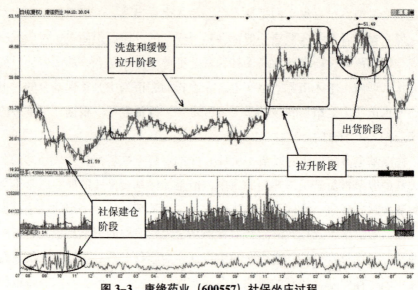

图 3-3　康缘药业（600557）社保坐庄过程

如图 3-3 所示，从康缘药业（600557）日 K 线图中，可以看出社保基金的坐庄过程。建仓阶段，均笔成交量明显不规则放大，社保基金在市场企稳之时已经迅速地完成了建仓动作。而后股被拉升到了 30 元/股附近，开始不断地震荡整理。震荡的目的就是不断地洗盘，将持股不坚定的投资者全部震荡出局，以便庄家在今后的拉升中节省资金和时间。

长时间的震荡而不是迅速地拉升，这正体现了社保基金操盘的稳定性。大涨大跌的股价走势，一般都不可能发生在社保基金坐庄的股票中。股价的走势随着指数的上涨而波动，与指数的走势相关性比较高。

在长时间横盘过后，股价也是快速上冲，从 30 元/股附近最高上涨到了 51 元/股。从累计的上涨幅度上来看，该股从 21.59 元/股的最低价格上涨到 51.49 元/股，大约上涨了 138%。而同期上证指数从 1664 点附近上涨到了 3478 点附近，涨幅为 110%。可见社保基金持有股票的涨幅相比指数的涨幅只是略微高一些。康缘药业显然是由比较典型的社保基金操盘的股票，走势上与指数的走势有很强的相关性，股价的波动也相对稳定。股价的这些特征是与庄家的操盘手法密不可分的，有什么样的庄家，就有什么样的股价 K 线走势。

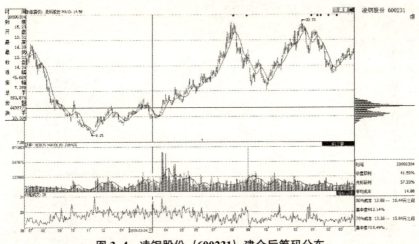

图 3-4 凌钢股份（600231）建仓后筹码分布

如图 3-4 所示，凌钢股份（600231）属于钢铁类的股票，也是社保基金青睐的品种之一。在 2008 年熊市过后，社保基金便开始大举进入该股，图中显示出建仓阶段的均笔成交量明显被放大了很多。建仓完毕之后，筹码呈现出图中的单峰密集形态，如此集中的筹码，为以后的股价拉升创造了很好的条件。

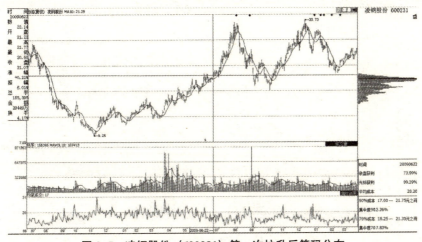

图 3-5 凌钢股份（600231）第一次拉升后筹码分布

如图 3-5 所示，凌钢股份（600231）在经历了一波拉升之后，筹码依旧可以保持在单峰状态，这说明股价上涨的过程中换手充分，持仓投资者的成本被稳定抬高了，这有利于今后股价的拉升。

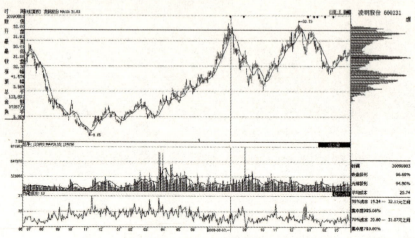

图 3-6　凌钢股份（600231）最后拉升后筹码分布

如图 3-6 所示，凌钢股份（600231）在到达第一个顶部之后，筹码分布已经很零散了。持股的投资者并没有随着股价的上涨而高价买入股票，而在最后一次拉升前买入股票的投资者，也没有完全卖出股票。因此，筹码才分布在股价顶部的各个阶段当中。这样的筹码分布，只能够说明庄家并没有完全出货，即使股价下跌，也还有可能重新上涨。

图 3-7　凌钢股份（600231）出货基本完成后筹码分布

　　如图 3-7 所示，凌钢股份（600231）的股价在最后一次见顶后，筹码终于呈现出高位的单峰状态。高位单峰状态说明股票在高位换手充分，庄家手中的大部分筹码都已经转移到了散户手中，股价一旦下跌就很难再次上涨。从图中不规则的放大均笔成交量也可以看出，庄家是有充分的出货准备的。

　　至此，社保基金的坐庄过程就告一段落。在社保基金坐庄的整个过程中，其股价的波动是相对稳定的，并没有很大的变化，股价与指数的配合也比较好。客观地说，社保基金持有的像凌钢股份这样与指数走势如此密切的股票还是相当典型的。如图 3-8 所示，从上证指数的走势可以看出这些相似之处。

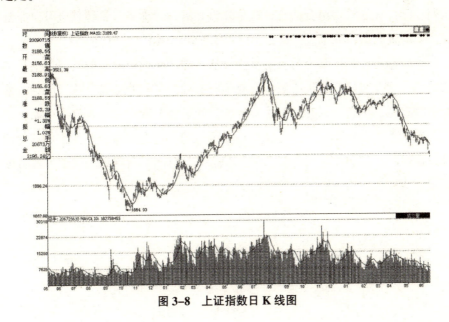

图 3-8　上证指数日 K 线图

三、私募基金的操盘手法

　　相比其他基金，私募基金的操盘手法有其特别之处，主要体现在募集资金的方式、募集资金的对象和信息披露要求方面。

　　首先，私募基金的募集资金的方式是通过非公开方式，而公募基金是采取公开募集的方式。这也是公募基金和私募基金最为重要的区别了。从募集资金的对象上来看，私募基金主要是面向少数的投资者，而公募基金则是面向所有的投资者。从信息披露上看，对私募基金信息披露的要求相对宽松，而公募基金必须要及时准确地披露相关的信息，投资目标、投资组合等是必须要披露的。

其次，私募基金在操盘的手法上也是独树一帜的。因为私募基金是向特定的投资者募集的资金，其投资目标可能会有很强的针对性，其产品更像是为投资者量身定做的特色产品，能够满足各种客户的不同需求。而且，私募基金受到的监管相对宽松得多，其投资手法会更加灵活多样。私募基金不必定期披露详细的投资组合信息，这是非常好的投资优势。私募基金可以非常灵活地配置股票，如果操作得当，则可能获得非常好的投资收益。

总的来说，私募基金的投资手法灵活多样，在投资股票的选择上也是多样的。在建仓和拉升股价阶段，会有不同于社保基金的操盘手法。例如：采取不断打压、洗盘、拉升的手法。从股价的走势上看没有一点规律可循，这样的操作手法多数情况下都是私募基金所为的。更为极端的是，私募基金可以在瞬间内打压和拉升一只股票，使股价在分时图中表现为瞬间跌停或者涨

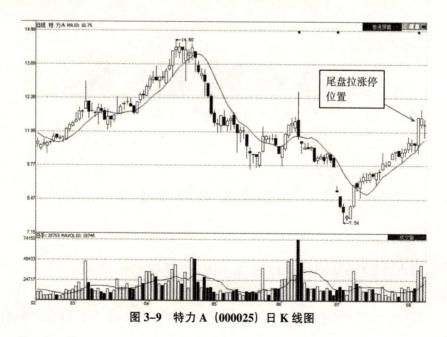

图 3-9　特力 A（000025）日 K 线图

停，这是其他的基金不能够相比的。为什么能使股价在短时间内发生很大幅度的涨跌呢？这是对倒行为使然。私募基金虽然不算是规模很大的基金，但是相比散户的资金规模也是要大很多的。私募基金利用资金的诸多关联交易账户，一个账户进行买入操作而另外一个账户进行卖出操作。根据价格优先和时间优先的原则，如果私募基金挂出比较高的买入价格，并且挂出相应的卖出价格，则股价就会被迅速拉高；而如果私募基金挂出很低的卖出价格，卖出的价格一定会首先成交，股价就会被瞬间打压下去。如此一来，私募基金就达到了控制股价的目的。

如图 3-9 所示，特力 A（000025）在 2010 年股市下跌中也持续了长时间的破位下跌，股价接连出现跳水下跌的行情，并且累计的下跌幅度几乎达到了 50%。熊市中狂跌，牛市中一定会疯狂上涨，这个"规则"似乎已成定论。特力 A 的走势也不例外，股价在 2010 年 7 月 2 日探底 7.54 元/股之后，于 7 月 5 日开始迅速上涨。两天的时间里涨幅超过 15%。这样的操作手法都是私募基金的特点。该股在上涨到 8 月 4 日，当日横盘整理的趋势即将形成时，却被庄家巨量拉入了涨停板中。

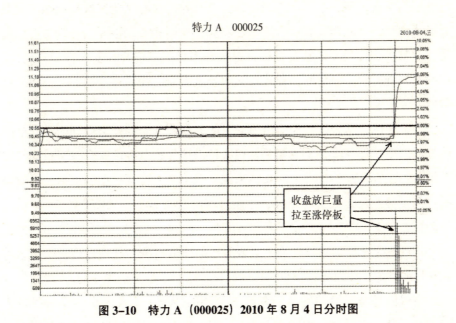

图 3-10　特力 A（000025）2010 年 8 月 4 日分时图

如图 3-10 所示，特力 A（000025）8 月 4 日的分时图中显示，股价走势从开盘到收盘前没有任何的起色，并且股价还下跌了 0.95%。但是就在这一刻，短短的两分钟之内，特力 A 上演了一出"秒停秀"。股价在短短的两分钟之内被拉入了涨停板之中。这一幕两分钟内拉涨停的"秒停秀"是由名为"宝利基金"的私募基金所为。宝利基金是一家深圳的私募基金，一方面利用自有资金操作股票，另一方面就是对客户提供即将拉升的股票，让客户协同基金共同操盘。这样一来，私募基金就可以和客户联手拉升股价，在涨停后获得暴利。采取这样的拉升手法是见不得光的，但是这种特有的拉升手法却成为私募的特定操盘手法，并且在私募基金真正的操盘过程中，这种突然袭击的手法是最常用的选择。

四、保险基金的操盘手法

保险基金同社保基金有相似之处，即资金来源于百姓，在管理上一定要注意控制投资风险，并且获得相应的投资收益。保险基金在选择和操作股票时必须注意三个原则：安全性原则、收益性原则和流动性原则。收益性原则是保险基金进行投资的首要目标，但这并不代表可以舍弃安全性和流动性，保险基金进行股票投资时，要非常注重资金安全，保证基金能够获得相对稳定的投资收益。

为了使保险基金达到保值增值的目的，保险基金同样会受到非常严格的监控，以便督促保险基金的相关管理人员设法保证基金的安全并将投资的收益维持在比较合理的位置上。具体来说，保险公司投资于单一上市公司股票的比例不超过公司股份的 10%，不超过保险公司上季末总资产的 1%。从选择股票上来看，保险公司也是相当保守的。像电力公司、医药类公司、沪深 300 中的大蓝筹股票等都是这些基金重点关注的对象。保险基金对于国家重点扶持的产业、今后国家重点扶持的新领域公司也是十分关注的。

在保险基金充分研究市场和经济形势的情况下，会做出科学的投资决策，之后才会开始逐步的建仓步伐。保险基金在买入股票的时机选择上也是很注重风险控制的。在熊市之中，股价未见底时试探性加仓，买入时机真正来临之际就果断地出手建仓。

从操盘手法上看，保险基金同社保资金的操盘手法相似，它是绝不会频繁地进行股票交易的。只要是经过分析研究之后觉得合适的股票，跌入了合理的估值区间了，保险基金就会自动的去买入股票。而在股票估值过高的时候也会提前按照自己的投资者原则，率先抛出股票套现出局。这样稳健的操盘手法，就可以保证社保基金在最大限度降低投资风险的情况下，获得比较稳定的投资收益。

五、券商的操盘手法

券商在坐庄的时候主要是使用自有资金进行股票操作，当然也包括一部分委托代理的投资，以追求高额利润为投资的主要目标。庄家的持股时间是比较短暂的，一般来说三个月到半年的比较常见，因为券商的资金多来源于短期的资金甚至是挪用客户保证金，所以长线持股的投资者中一定没有券商的身影。在通常情况下，年底是券商出货的时间。券商在操盘前，一定会充分地利用自身的研究条件，对国家政策和市场的状况做出一番精确的调研，才会做出投资决策。券商的信息来源不仅包括国家的相关政策，甚至会有上市公司的重要内部消息，之所以能够得到这些消息，是因为券商拥有为上市公司担任保荐人和配股承销商等便利条件。

券商坐庄的经验是相当丰富的，其操作水准不是其他的机构投资者可以比拟的。券商参与股市投资的便利性和自身实力的强大，加之在操盘手法上经常选择反复拉升、打压的方式使其能够不断地博取利润。当然，庄家采取这样频繁操作的坐庄方式，也是有其必然性的。只有这样操作股票才能够为券商赚取更多的手续费用。当其从事买卖股票时，即使是处于亏损状态，也可以利用手续费用加以弥补，从而使券商的操盘业绩看起来不是很差。在券商反复打压和拉升股价时，成交量的放大是一定的。这样一来，成交量是否有效放大、股价是否频繁波动，就成为判断券商是否坐庄的理由。

券商在操盘的时候，经常对其承销配股的股票进行维护，避免股价在配股前跌破其配股价格，维持股价在市场中的形象。在拉升股价之后，券商会立刻采取放量抛售的手法使投资者在高位被套牢。这样一来，高位套牢的投资者不能够在短时间内解套，那么参与上市公司的配售是其必然的选择。采取这种手法的券商，拉升股价的根本目的是要榨取投资者的利润，使投资者手中的股票成为券商圈钱的工具。这样一来，投资者判断是否有券商坐庄就多了一种选择：观察股票在配股前的价格是否与配股价格非常接近，如果两者非常接近，那么一定是券商在其中坐庄。

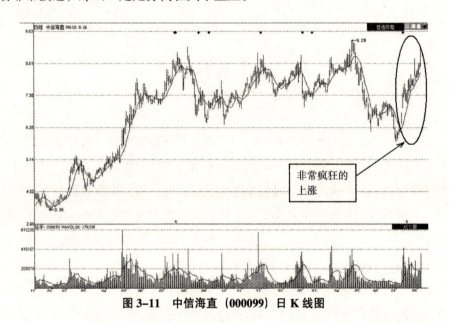

图 3-11　中信海直（000099）日 K 线图

如图 3-11 所示，中信海直（000099）就是券商坐庄的一只典型的股票。在 2010 年股市调整的过程中，该股也是随着指数的不断下跌而呈现出破位下跌的走势。股价从最高价格 9.29 元/股一直下跌到 5.75 元/股的位置，跌幅超过了 30%。而当指数反弹、众多股票开始上涨时，该股也是率先发力上涨的股票之一。在不到 30 个交易日的时间内，该股一直上冲到了 9 元/股附近，上涨速度之快在众多的股票之中也是首屈一指的。

这只股票的反弹走势属于典型的券商坐庄股票的走势，上涨和下跌的趋势相当明显。反弹的时候，更是走在了市场的前面，率先领涨到位。不仅如此，从该股的成交量上来看，也是经常性地呈现出放量的现象，券商在不断拉升和打压股价时，一定赚足了交易费用。

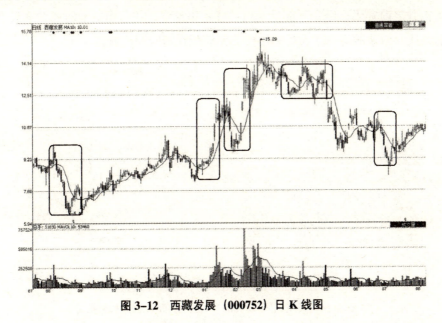

图 3-12 西藏发展（000752）日 K 线图

如图 3-12 所示，从西藏发展（000752）日 K 线图中可以很明显地看出，股价的走势不断地出现暴涨暴跌的现象。自认为实力非凡的券商游刃有余地操纵着这只股票的走势。该股每一次的上涨和下跌都呈现出很鲜明的趋势性，并且券商采取了一步到位的快速拉升和打压手法，在很短的时间里就达到了操盘的目的。

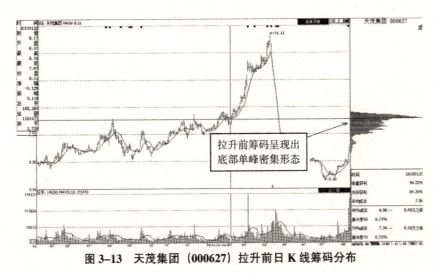

拉升前筹码呈现出底部单峰密集形态

图 3-13 天茂集团（000627）拉升前日 K 线筹码分布

如图 3-13 所示，从天茂集团（000627）日 K 线图中可以看出，该股在被拉升之前筹码已经在顶部呈现出单峰密集形态。该公司决定转增和配股之后，庄家对该股进行了大肆的炒作，使股价在短时间内疯狂上涨。

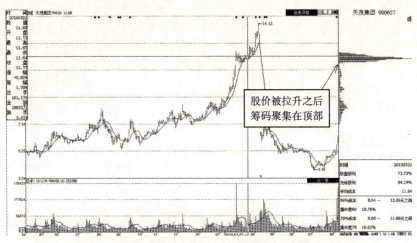

图 3-14　天茂集团（000627）拉升后日 K 线筹码分布

如图 3-14 所示，在天茂集团（000627）股价被拉升之后，筹码又一次被抬高，券商正好达到了转移筹码到高位的目的。一旦时机成熟，庄家一定会在高位出货，从而使投资者接盘后被套牢而不得不接受配股的现实。

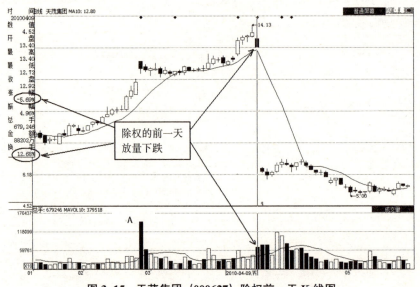

图 3-15　天茂集团（000627）除权前一天 K 线图

如图 3-15 所示，天茂集团（000627）的庄家在配股前一天内放量打压股价，当天股价下跌了 5.69%，换手率也放大至 12.68%。这是配股前的最后一次放量下跌，与前期图中 A 位置的放巨量出货形成了呼应。庄家在散户接盘之后就可以顺利地出逃了。散户只好接受高位被套牢的命运，等待上市公司进行转增和配股。

第四章 建仓——庄家抢筹的手段

一、庄家建仓的时机

股市中流传的一句名言"选股不如选时",说明了炒股时选择入场时机的重要性。入场时机的选择不论是对于散户还是资金庞大的庄家,都是非常重要的。若入场时机选择得好,建仓完毕之后个股就可以跟随大趋势不断上涨,盈利是很轻松的事情,即使出现回调也是很短暂的,等待回调结束后股价还会继续上涨;若在市场将要步入"漫漫熊途"之时开始建仓,再好的操盘手法都不能从根本上避免市场中存在的巨大风险,亏损则是大概率事件。建仓可以有很多理由,也有多种时机的选择方法,但总的来说,在指数点位较低、多数个股估值相对合理且后市看涨的情况下建仓是不错的时机。因此将庄家建仓的时机分成三种情况:行情启动之前、行情启动之时、行情启动之后。

1. 行情启动之前建仓

一般在指数经历了一段时间的熊市之后,多数个股的估值是相对较低的,低估的股价为价值投资者和坐庄的机构投资者创造了非常好的条件。尤其是机构投资者虽然也对各种题材热衷,但是价值投资仍然是主线,题材中没有公司价值的潜在提升动力,也不足以成为庄家的"猎物"。

从庄家降低建仓成本的角度考虑,在股价处于底部时庄家正好可以利用低价的特点及时建仓,持有低成本的股票对于庄家今后操控股价留有很大的回旋余地,即市场好的时候拉一拉股价,市场不好的时候就压一压股价。

在股价处于低位时建仓还有一个很大的好处，即可以获得更多股价增值的利润。若等待股价上涨到高位的时候再匆忙建仓，不仅成本高而且很大一部分利润已经在股价上涨时被抵消掉了。长线投资的庄家经常是那些先知先觉的主力，它们建仓的时机经常会选择在市场进入上升趋势之前，从而提前布局。一般受到资金限制，短线庄家不会选择在股价未上升前就提前入市，而是在上涨过程中的调整阶段，短时间抢筹然后拉升股价赚取利润。

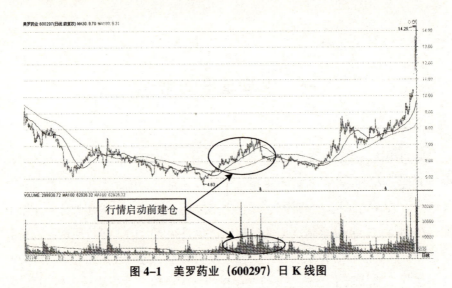

图 4-1　美罗药业（600297）日 K 线图

如图 4-1 所示，庄家在进驻美罗药业（600297）时，股价并没有大幅度的上涨，而是不断地小幅波动横盘整理。从成交量和不断增加的平均成交量来看，庄家正在不断地吸筹，在股价横盘三个多月之后，才开始真正的上涨。

2. 行情启动之时建仓

庄家在行情启动之前就开始建仓有两个缺点是不可避免的。其一，庄家很难准确抓住建仓的底部，如果股价继续下跌，必将陷入套牢的窘境。其二，即使庄家抓住了股价的底部，如果市场长时间不进入上升趋势当中，时间成本也是比较高的。资金不能够赚取利润就相当于贬值，不论哪一个庄家都不想使自己的资金贬值。那么在行情启动之后建仓如何呢？行情启动后意味着股价已经上涨到了一个新的高度，持仓成本是很高的。高价建仓不利于庄家今后的操作，除非那些操作周期相当长的长线庄家。

选择行情启动之时建仓是很恰当的，成本不会太高又能使资金及时发挥应有的效应，真可谓一箭双雕。然而如此好的建仓时机不是所有的庄家都能够抓住的，原因主要有两个：其一，庄家限于调研实力，很难在市场转暖的第一时间内就介入其中，早一点或者晚一点都是不可避免的。其二，庄家的资金量非常庞大，即使实力不强的庄家也是需要一定的时间保证建仓成功。股价的启动时间并不会很长，大量资金短时间内介入某一只股票，股价被拉升是不可避免的。还未完成建仓就使股价大幅上涨一定不是庄家希望出现的结果。总之，在启动之初建仓的庄家一定要有足够实力察觉行情启动的信号，并且能够在控制好股价涨幅的情况下尽快建仓。

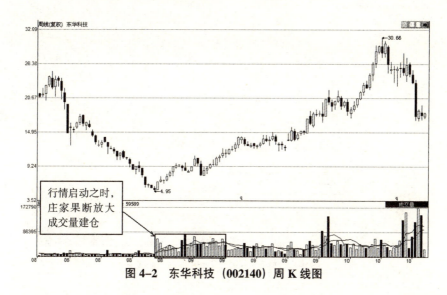

图 4-2　东华科技（002140）周 K 线图

如图 4-2 所示，东华科技（002140）在下跌过程中一度跌至 4.95 元/股，成交量萎缩到不足 2 万手的水平。但是在股价随着大盘进入上涨趋势后，成交量迅速放大 10 倍，庄家在行情启动之时不断放大成交量并同步完成建仓过程。从图中股价上涨之初明显的"堆量"可以很清楚地看出，庄家在行情启动时，一边拉升股价一边完成了建仓。后市该股在上涨过程中，再也没有出现如此多的大成交量堆积的形态，成交量只是维持在相对放大的水平上，以便配合股价持续上涨。

3. 行情启动之后建仓

行情启动后建仓不能够使持仓成本足够低，庄家只能尽可能地减小持仓成本，并且缩短建仓时间，只有这样才能够完成建仓过程。在行情启动后再建仓的庄家，属于那些后知后觉的类型，股市下跌中一味看空市场，股市真正开始反转后还没有及时建仓。耽误了建仓时机就像是贻误战机一样，在股价上涨过程中匆忙抢筹也是在所难免。当然有的时候提前建仓的庄家在股价被拉升到一定的价位后，会考虑卖出部分股票，其他的庄家恰好趁机参与进来，这就是行情启动后的换庄过程。长线庄家在行情启动前就开始了建仓过程，但是出于保守考虑肯定不会将全部的资金投入进来，在市场上涨的趋势明朗化之后可以继续买入股票。

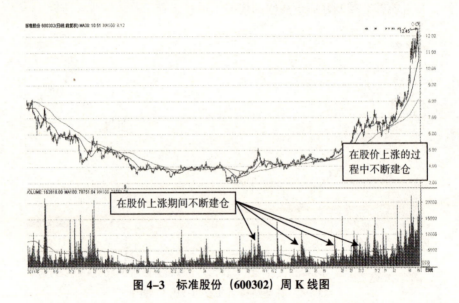

图4-3 标准股份（600302）周 K 线图

如图 4-3 所示，标准股份（600302）在长达两年的时间里，从 3 元/股附近上涨到 12 元/股附近，在该股上涨的过程中，成交量断断续续被放大，庄家利用放大的成交量不断进行建仓的操作。显然这种建仓方式是在股价上涨过程中完成的。在市场进入上升趋势的初期，该股并未引起庄家的太多关注，股价也没有像样的上涨，而是随着市场缓慢上升。行情的中期，该股终于不断地受到庄家的关注，建仓行为悄然发生了。

二、庄家惯用的建仓手法

1. 敲打股价建仓

股价在跌幅很大时，价格比较低，最适宜庄家建仓了。不管是为了降低持仓成本，还是考虑给以后拉升股价留有余地，庄家都会尽量压低股价建仓。股价处于下跌途中，价格比较低，此时散户持股意志最不坚定，更加适宜庄家建仓。庄家可以利用媒体，在股价下跌的时候散播利空消息，使股价不停的下跌，庄家即可以获利了。股价下跌的幅度越大，底部持续时间越久，越利于庄家建仓。

采取敲打建仓的庄家一定会配合市场的走势，当上市公司的利空消息发布出来时，打压股价更可以不被散户怀疑，从而很自然地把股价降下来，散户也会不约而同地杀跌，庄家正好利用大量资金趁机抢夺筹码。

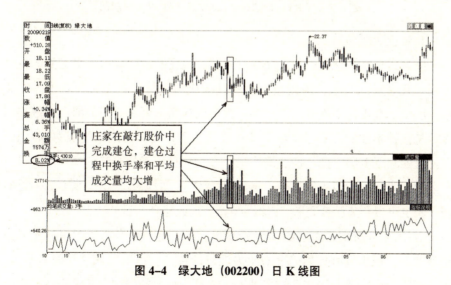

庄家在敲打股价中完成建仓，建仓过程中换手率和平均成交量均大增

图4-4　绿大地（002200）日K线图

如图4-4所示，从绿大地（002200）的日K线图中可以看出，股价上涨过程中突然面临下跌的威胁。突如其来的连续两天放量下跌打破了上升的趋势。就在投资者绝望之时，第三日股价高开低走，盘中跌幅一度达到4%，

但是在收盘的前半小时内股价居然起死回生般上涨了。当日股价收于 17.88
元/股，小幅上涨 0.34%，如图 4-5 所示。分时图中的股价底部放量不由得让
投资者感叹：庄家利用股价的不断下跌，在股价下跌到低点时，放量完成了
建仓。而尾盘股价的快速拉升使得散户更是措手不及，忙于应付。

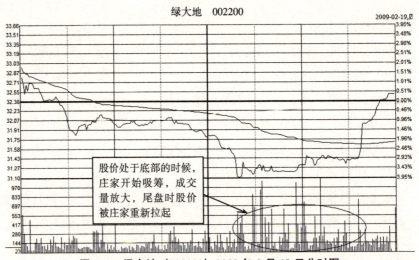

图 4-5　绿大地（002200）2009 年 2 月 19 日分时图

2. 横盘建仓

横盘建仓通常是在指数上涨的时候发生，庄家就是利用横盘滞涨的机会
不断地建仓买入股票。横盘建仓之所以会成功，与横盘的时间有很大的关
系。股价不变化，很难激起散户买卖股票的热情。而长时间的滞涨，散户们
多数是按捺不住的。看着市场上多数股票上涨，而自己购买的股票却不涨，
在持有的股票上涨之前，换股操作是很多散户投资者的最终选择。庄家可以
在散户换股后不断地吸筹建仓。虽然每次建仓的股票数量不是太多，但是时
间一长也可以"集腋成裘"，庄家同样能够达成建仓的目的。

　　如图 4-6 所示，中信国安（000839）在长达一年半的时间里处于横盘
整理状态，股价没有任何的突破阻力上涨的迹象。这期间成交量时有放大，
平均成交量也维持在比较高的水平上。通过一年半的时间，庄家完成了建仓
的动作。等到股价真正被拉升之时，其由最初横盘整理时的 4 元/股左右，上
涨了 400%，从而达到 20 元/股附近的价位。

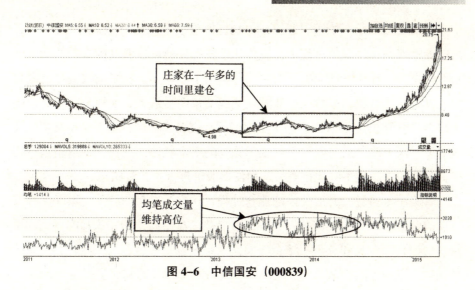

图 4-6 中信国安（000839）

3. 波段高位建仓

波段高位建仓手法主要是庄家利用散户喜欢"高抛低吸"的特点，在股价波动的高位吸纳散户抛售的筹码。采取这一特点吸纳筹码的庄家是很聪明的，它们不是在底部跟散户抢夺筹码，而是在顶部顺势买入散户抛售的筹码。庄家不断地人为"制造"底部和顶部，散户也不断地高抛低吸，直到庄家吸纳到了足够多的筹码后，便不再给散户低吸的机会，而是将股价从高位迅速拉升，从此开始了庄家的获利"旅程"。

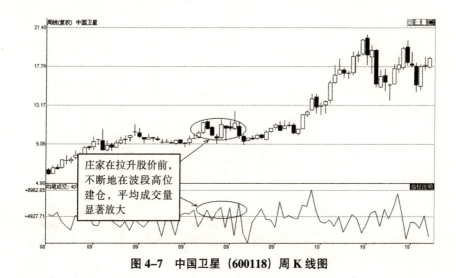

图 4-7 中国卫星（600118）周 K 线图

如图 4-7 所示，中国卫星（600118）股价在上涨到 10 元/股附近时，开始横盘整理。在整理的过程中，股价几乎没有任何可以获利的有效波动。但是不久之后，在庄家的操纵下股价便开始上下波动了。从平均成交量的变化中可以清楚地看到，股价在上涨时均笔成交量明显放大，而股价下跌时也随之缩小。股价在 9 元/股以上的价位附近反复震荡。在经历了三次拉升和均笔成交量三次下跌之后，股价又恢复了原先的横盘状态。在这次横盘整理过程中，股价的重心被不断地抬高，从而使得股价进入了拉升状态。

其实庄家通过拉升股价前的建仓过程也达到了洗盘的目的。不断大幅度波动的股价使散户在高位抛售股票，散户被洗盘出局，而庄家却吃货完成了建仓的过程。建仓和洗盘相结合的操作正是庄家"一石二鸟"之计，投资者如果被庄家的手法震荡出局，就没办法获得股价拉升的利润了。

4. 缓慢上涨中建仓

这种建仓手法也是庄家比较常用的方式。股价在缓慢的拉升过程中，从阴阳交错的 K 线形态中很难分辨出庄家是在建仓还是在拉升股价。原因是此时的股价既不同于建仓时候股价所处的低位，也不同于拉升时候股价所处的高位，股价在不高不低的位置被拉升，庄家也比较隐蔽地完成了建仓。

如图 4-8 所示，平潭发展（000592）经历了长达一年半的缓慢上涨之后，股价由最低的 3.16 元/股回升至 6 元/股附近。后期该股继续发力上涨，达到 22 元/股的高位，涨幅已经高达 267%。可见，主力建仓效果还是非常

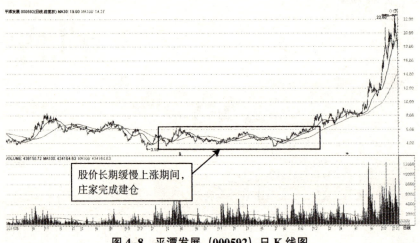

图 4-8　平潭发展（000592）日 K 线图

好的，该股涨幅非常惊人，成为难得的黑马股。

庄家采取缓慢上涨中建仓的手法，从股价的涨幅上看对投资者没有任何的吸引力。而股价一旦进入被拉升阶段，快速大幅的冲高上涨往往使投资者不能够把握买股盈利的机会。

5. 涨停建仓

涨停建仓是庄家错过了最佳的建仓机会，又迫不及待地想要抓住潜在的上涨牛股，才会采取这种建仓手法。市场在长期下跌当中，每一次反弹都会被当作行情的反转而吸引众多的投资者介入，但是每次介入都会以套牢结尾。股价下跌当中庄家也不可避免地被套牢所困扰。当市场真正出现转机时，众多的投资者不是都能够准确抓住入场点的，也会有反应慢一点的庄家。既然没能在股价处于真正的低位时建仓，那么在上涨之中完成建仓动作也未尝不可，只是成本稍微高一些而已，但是同后市无限量的上涨空间相比还是值得的。

采取涨停方式建仓的庄家也有洗盘的考虑。打压股价可以达到洗盘的效果，而大幅度拉升股价也同样可以达到此效果。散户中很多是短线投资者，对高抛低吸的操作方式情有独钟，一旦股价到达目标价位一定会引起大量的抛盘。当然解套盘也可能因为解套而卖出手中的股票。被抛售的股票恰好成为庄家建仓的筹码。

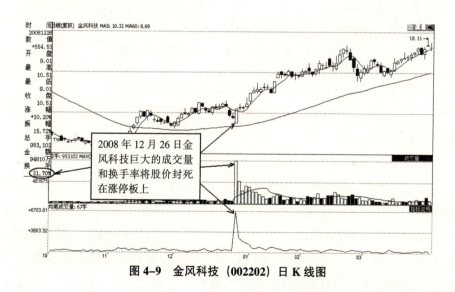

图4-9 金风科技（002202）日K线图

金风科技（002202）所属公司为新疆金风科技股份有限公司，它是行业领先的风力发电机组制造商和中国风电整体解决方案提供商。2008年12月26日，金风科技的股价承受巨大的解禁压力：近4亿股的限售股票将进入流通状态。如此之大的解禁市值相当于当时金风科技4000万流通股的10倍。那么金风科技能否承受住突如其来的抛售压力呢？答案是肯定的。

如图4-9中所示，2008年12月26日金风科技（002202）股价低开高走，收盘时以10.20%的涨停价收盘，当日换手率高达21.70%。庄家巧妙地利用了这次解禁的机会大举建仓金风科技，其结果是该股在以后的走势中越走越好，最终也实现了翻倍的涨幅。

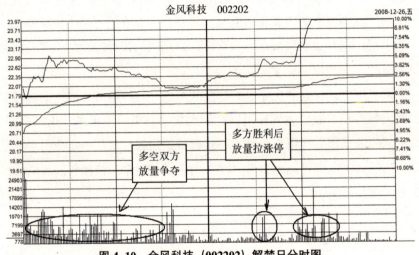

图4-10　金风科技（002202）解禁日分时图

如图4-10所示，此图反映了金风科技（002202）解禁当日多空双方争夺的过程。股价低开高走，上涨幅度达5%，而后涨幅又回调到1%附近，最终股价在庄家的放量拉升下进入涨停板中。

6. 新股抢筹建仓

新股是散户以及机构投资者都非常喜欢的炒作对象。通过申购新股可以达到意想不到的投资收益。尤其是在市场处于上升趋势当中，相当多的新股在上市首日即有不错的涨幅，并且在后续的多日中还可以延续上涨的趋势。在新股的中签率比较低时，如0.5%以下，庄家是很难收集到足够多的筹码的。只有通过上市首日大幅度放量买入股票才能够达到建仓的目的。上市首日股价的巨大涨幅，会使许多散户投资者迫不及待地出货止盈，这样就在客观上为庄家创造了建仓的条件。

如图 4-11 所示，富临精工（300432）在 2015 年上市，上市之后连续出现了一字涨停板的价格走势。我们在一字涨停板期间没办法买入股票，但是打开涨停板以后却有机会介入。该股打开涨停板的时候，成交量明显放大，换手率高达 50.9%，显示是主力资金介入的信号。如果我们能够在这个时候追涨买入股票，接下来该股继续飙升期间的盈利空间很大。当股价飙升至 72 元的时候，距离打开涨停板时的价位 43 元，已经大幅上涨了 67%。

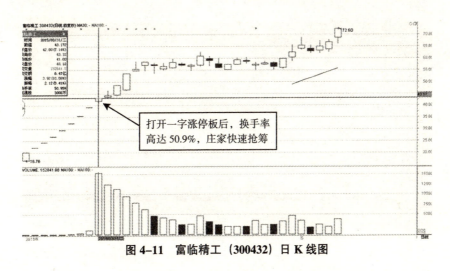

打开一字涨停板后，换手率高达 50.9%，庄家快速抢筹

图 4-11　富临精工（300432）日 K 线图

三、建仓时均笔成交量的变化

庄家在操控股票过程中的一举一动一般很难清楚地看出来，即使精明的技术分析者也有看不准的时候，那么如何才能够把握好庄家的动向尽收眼底呢？投资者可以从成交量的变化中受到一些启示。这里所说的"成交量的变化"并不是我们平时所说的"总成交量的变化"，而是平均每笔的成交量变化。之所以分析每笔成交量变化，是因为庄家和散户的资金量相差比较悬殊，散户的资金量是十万元、百万元，但是庄家的资金量是十几亿元、上百亿元。

　　股价在时间比较长的熊市当中，很少会有庄家过问，股价阴跌不止，成交量呈现出萎缩状态。一旦市场转暖，或者某只股票出现利好消息，庄家庞大的资金将会很快地涌入股市当中，使成交量迅速膨胀，均笔成交量迅速提高到一个新的水平。

　　在不同的建仓方式当中，均笔成交量的放大都是很显著的，这可以从日K线变化和均比成交量的对应关系中看出来。

　　1. 敲打股价建仓

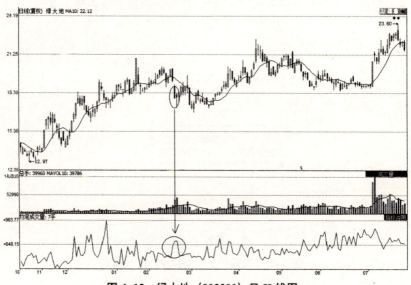

图 4-12　绿大地（002200）日 K 线图

　　如图 4-12 所示，随着股价不断上扬，庄家的建仓过程也在有条不紊地进行，均笔成交量的不断放大就是很好的证明。图中标注的股价被打压下来时，对应均笔成交量却明显地放大。显然庄家在股价下跌后相当活跃，趁机买入了大量的廉价筹码，为以后拉升做好充分准备。

　　2. 横盘建仓

　　横盘建仓比较耗费时间，庄家的建仓过程是在不断打压和拉升中实现的。如图 4-13 所示，ST 星美（000892）就是一个很好的横盘建仓过程。股价横盘之初并没有显著的庄家建仓信号，均笔成交量只是偶然性放大。而在股价横盘的后期，均笔成交量开始呈现出经常性的放大状态，显然庄家正在迫不及待地迅速完成建仓过程。建仓过程完成的时间恰好是在 2007 年指数开始飙涨的初期，可见庄家选择的时机是多么的精准。

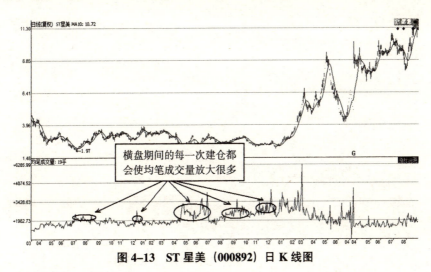

图 4-13　ST 星美（000892）日 K 线图

3. 波段高位建仓

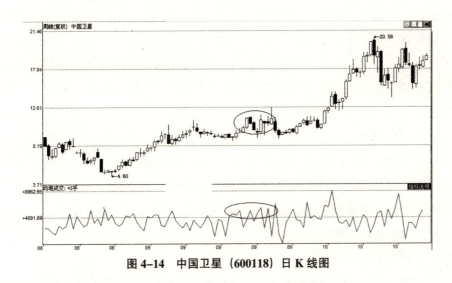

图 4-14　中国卫星（600118）日 K 线图

　　波段高位建仓发生在股价被拉升到高位时，庄家大量拾取散户抛售的流通筹码，以此完成建仓的过程。如图 4-14 所示，中国卫星（600118）的庄家采用的就是这种手法。在股价波动到一个新高度平台过程中，均笔成交量开始同步放大，庄家手中的筹码随着股价的上涨而不断增大。

4. 缓慢上涨建仓

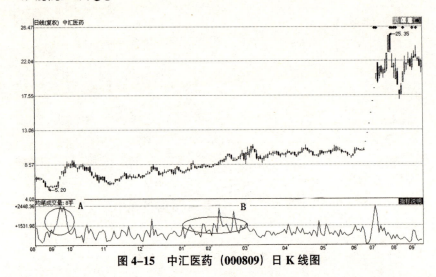

图 4-15　中汇医药（000809）日 K 线图

　　如图 4-15 所示，中汇医药（000809）的庄家在股价启动初期，在拉升股价的同时进行了集中建仓，图中 A 处放大的均笔成交量就是很好的证明。当股价进入到一个新的缓慢上涨平台之后，庄家的建仓过程就不是很明显了，只是在 B 处有集中建仓的体现，而在其他上涨的时间段却没有明显出现均笔成交量放大。庄家在股价缓慢上涨中利用了少量时间完成了建仓，而多数时间里股价滞涨，成交萎靡。

5. 涨停建仓

　　涨停建仓的时间非常短暂，如图 4-16 所示，绿庭投资（600695）的庄家只用 1 天的时间，就将大部分的筹码收集到位。后期该股的上涨走势，显然是主力建仓完毕的结果。该股表现异常强势，价格上涨期间我们有机会发现主力的建仓机会并且获得收益。

6. 新股抢筹建仓

　　如图 4-17 所示，新北洋（002376）是 2010 年众多新股中的一只，在上市之初的几天内庄家对其疯狂地建仓，均笔成交量一度维持在 650 手以上的水平。当股价开始上涨时，庄家已经不需要用太多的资金就可以实现拉升，因此以后的成交量就开始呈现下跌的状态。

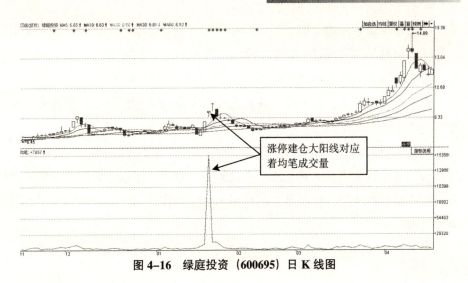

图 4-16 绿庭投资（600695）日 K 线图

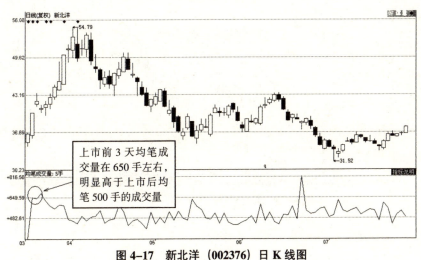

图 4-17 新北洋（002376）日 K 线图

四、建仓时量价关系的异常

　　一般在庄家建仓的时候成交量会放大，股价也会随之上涨。但是由于庄家人为操纵，建仓时不一定呈现成交量放大并且股价同步上涨的现象。相反，成交量放大的同时，股价可能反而下跌。虽然成交量和股价没有同步上涨，但庄家要想实现建仓的过程，一定程度的放量是很有必要的。即使庄家不急于在短时间内完成建仓，少量建仓成交量也会相应提高的。在不同的建仓手法中量价关系如下：

1. 敲打股价建仓：成交量和股价呈现出反向的走势，即成交量增大、股价下跌

如图 4-18 所示，河北钢铁（000709）经过最后一跌，跌幅高达10.00%，成交量放大到天量状态。在这最后一跌中，庄家全力以赴完成了建仓。股价虽然以跌停价格收盘，但是庄家也正是在这一最低价位抢到了大量廉价筹码。

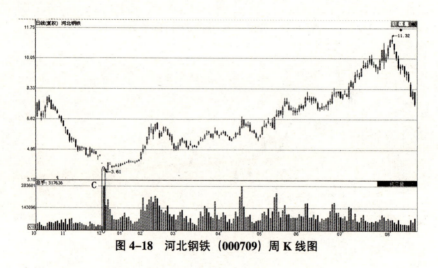

图 4-18 河北钢铁（000709）周 K 线图

2. 横盘建仓：成交量放大而股价滞涨或者小幅上涨

如图 4-19 所示，众合科技（000925）长时间处于底部"水池底"形的横盘状态中，庄家却在此时不断吸筹，成交量的明显放大就是有力的证明。这样的吸筹动作不足以从短时间的 K 线组合中反映出来，只有投资者将日 K 线中的图形缩小来看，密集放大的成交量才能尽收眼底。

3. 波段高位建仓：股价滞涨而成交量放大

如图 4-20 所示，中国卫星（600118）处于 10 元/股价位的时候，庄家发动了三波大规模建仓动作，使得股价短时间内大幅波动，成交量也迅速放量到几乎三倍以上。放量之中，庄家顺利地完成了建仓的动作。

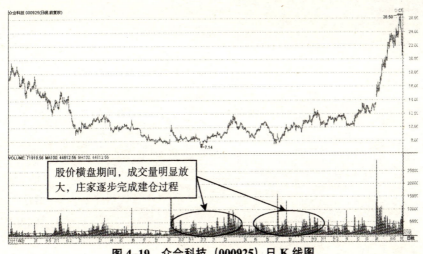

图 4-19 众合科技（000925）日 K 线图

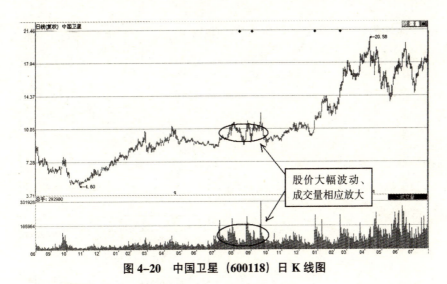

图 4-20 中国卫星（600118）日 K 线图

4. 缓慢上涨建仓：成交量和股价同步上涨

如图 4-21 所示，豫金刚石（300064）缓慢上涨前，庄家通过快速拉升完成了部分建仓的动作。在接下来的股价上涨期间，庄家又在图中不断放量买入股票，提高持有的筹码数量。当股价上涨到 8 元/股附近的时候，庄家基本完成了建仓动作，股价开始了拉升前的横盘走势。成交量温和放大期间，股价进入横盘运行阶段。

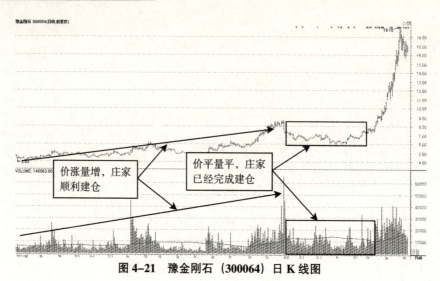

价涨量增，庄家
顺利建仓

价平量平，庄家
已经完成建仓

图 4-21　豫金刚石（300064）日 K 线图

5. 涨停建仓：成交量和股价同步上涨

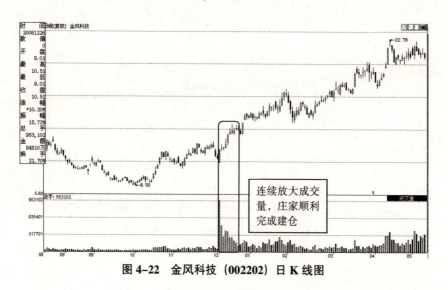

连续放大成交
量，庄家顺利
完成建仓

图 4-22　金风科技（002202）日 K 线图

　　如图 4-22 所示，金风科技（002202）的庄家利用大小非解禁的时机，连续 9 天放大成交量，从而完成建仓的动作。限售股解禁当天的换手率更是达到了 21.70%，为庄家建仓提供了有力保障。

6. 新股抢筹建仓：成交量和股价同步上涨，并且上涨幅度都非常大

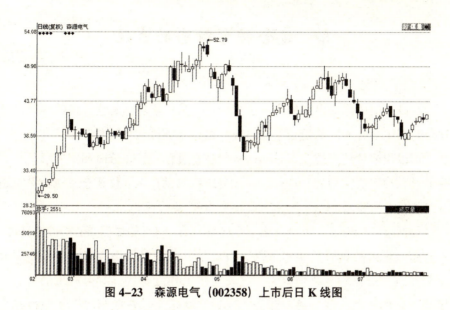

图 4-23 森源电气（002358）上市后日 K 线图

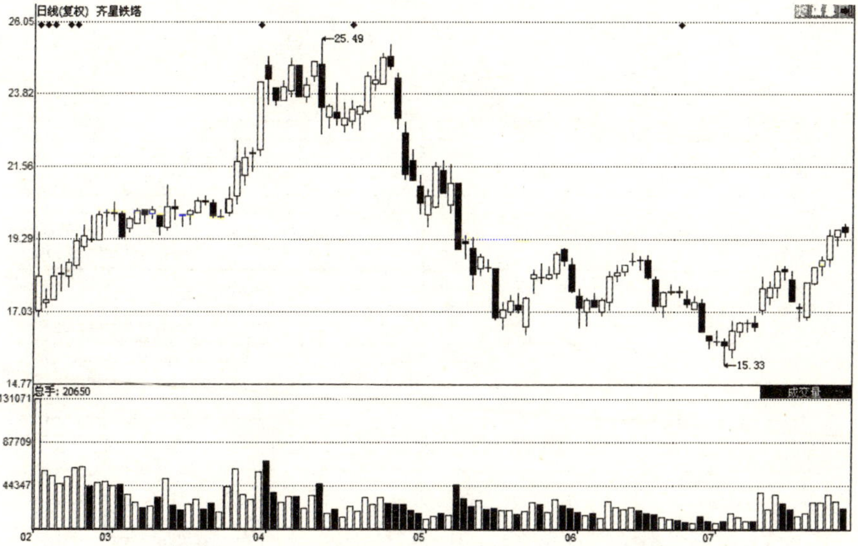

图 4-24 齐星铁塔（002359）上市后日 K 线图

如图 4-23 和图 4-24 所示，两只股票上市首日成交量放得很大，股价也都相应上涨，庄家完成了建仓。一般来说，庄家都是在新股上市的首个交易日的股价上升途中完成建仓，在建仓的过程中成交量同步放量。

五、建仓时分时图的表现

在日线图中体现出来的庄家建仓手法，是庄家总体建仓思路的体现，而在分时图中会有不同的建仓手法出现。通过分析每日分时图中庄家的建仓手法，可以很清楚地把握庄家是如何实现建仓过程的。在分时图中庄家基本上是通过三种手法实现建仓过程的：开盘或者收盘打压股价建仓、横盘滞涨建仓和放量上涨建仓。

如图 4-25 所示，滨州活塞（600960）在 2009 年 2 月 26 日弱势整理，在即将收盘时股价开始跳水下跌，当日股价以跌停价格收盘。但是图中成交量在跌停价格附近急剧放大，这说明庄家并没有放弃看多的想法，利用股价下跌的机会大肆抢筹和建仓。这显然就是庄家在收盘时打压股价建仓的手段。

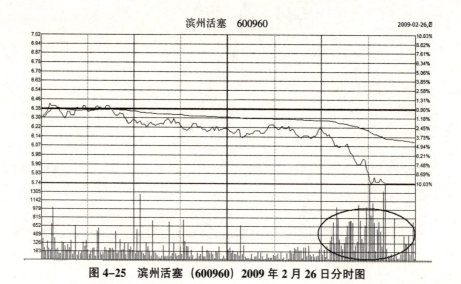

图 4-25　滨州活塞（600960）2009 年 2 月 26 日分时图

如图 4-26 所示，万向钱潮（000559）的分时图显示，收盘时股价大幅度上涨。分时图中显示庄家在拉升股价的过程中不断地完成建仓的动作，每

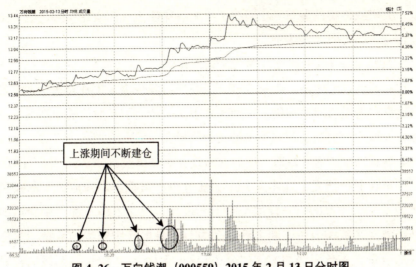

图4-26 万向钱潮（000559）2015年2月13日分时图

一次的股价拉升都对应着一次放量。如果庄家可以将此种做法持续很长时间，那么建仓过程就相对容易了。

六、建仓时 K 线图的表现

庄家可以使用不同的建仓手法，在 K 线图中的表现也多种多样。以上介绍的六种建仓手法，可以分别对应不同的 K 线形态。

1. 敲打股价建仓：一般对应大阴线

庄家采取敲打股价建仓手法时，一定是有股价的大幅下挫以及股价跌至底部时的放量建仓过程出现的。打压股价真正的目的是使股价下降，然后立即趁机买入廉价筹码，所以在日 K 线上一定会出现大阴线形态。庄家建仓时的放量程度可能会有大小之分，如果成交量不够大，庄家会通过连续敲打股价建仓，在 K 线图上就会出现很多大阴线。

2. 横盘建仓：穿插出现很多小阳线和小阴线

横盘股票最大的特点就是弱势状态，不论何时股价都不会有很大的起伏，横盘已经成为常态。既然横盘是常态，在 K 线图上也不可能出现诸如大阴线、大阳线之类的形态。小阴线、小阳线穿插出现在横盘期间，就是庄家横盘建仓时主要的 K 线表现。

3. 波段高位建仓：具有反转意义的大阳线

波段高位建仓之前，庄家一定会想办法将股价快速拉升起来，之后才能够借助散户的抛售收集筹码。这种建仓手法一定会引起股价的冲高回落，表现在日 K 线中就是具有反转意义的大阳线形态。

4. 缓慢上涨建仓：不断上涨的中阳线或者大阳线

庄家在股价缓慢上涨中建仓，上涨过程中出现中阳线或者大阳线也就不足为奇了。庄家的拉升幅度可能不会很大，但是不断上涨之中穿插的中阳线或者大阳线是股价不断上涨的动力。而且上涨中阳线的数量明显多于阴线的数量，多数阳线的实体部分比较长，而影线比较短。阴线同样是实体部分比较长，影线部分比较短。究其原因：庄家在缓慢拉升股价过程中，大量的资金用于建仓，股价的 K 线形态大部分反映庄家的意志，而阳线实体形态多数是庄家直接拉升股价的结果。因此，既然股价在有节奏地缓慢上涨，就不必采取复杂的建仓方式，每天拉出一根阳线也就自然成为庄家的选择。除了阳线实体和阴线实体比较常见以外，横盘整理的小十字星也是经常出现的 K 线形态之一。

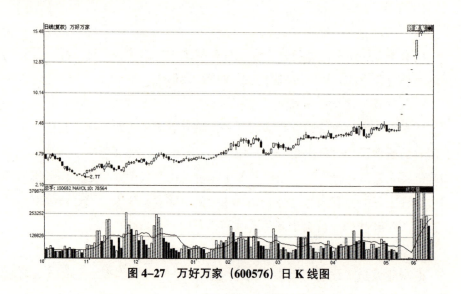

图 4-27　万好万家（600576）日 K 线图

如图 4-27 所示，万好万家（600576）的建仓过程可以用"一帆风顺"来形容。股价温和上涨，成交量经常维持在高位。在缓慢上涨过程中，小实体阳线的数量非常多，横盘的十字星和少量的缩量下跌阴线实体次之。

5. 涨停建仓：大阳线或者一字涨停 K 线

庄家采取涨停的手法建仓，出现大阳线是很正常的事情，这里就不再多做介绍。

6. 新股抢筹建仓：超大阳线

新股在上市的第一天是没有涨、跌停限制的，中签率比较低的股票如果有庄家要建仓，一般的建仓方式都是拉升中放大成交量。在拉升的过程中不仅股价会大幅上涨，成交量也随之放大到巨量状态。新股上市首日天量对应超大阳线是非常常见的，能够顺利完成建仓的庄家会在新股上市后的几天或者几周内大幅地拉升股价到目标价位。

七、散户实战跟庄建仓

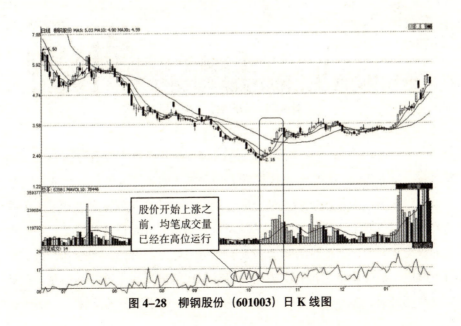

图 4-28　柳钢股份（601003）日 K 线图

如图 4-28 所示，柳钢股份（601003）在股价见底之前，从均笔成交量上来看，有了明显放大的现象。图中显示的锯齿状放大成交量，正是庄家真正建仓前的预演过程，真正开始建仓发生在股价和成交量同步大幅度上涨之时。在图中的矩形区域中，股价连续一个多星期上涨，终于有效突破了上方均线的压制而进入到上涨趋势当中。股价突破的过程也是成交量不断放大的过程，均笔成交量也有一定的上涨，这正好说明庄家利用拉升的机会大量地吃货，散户也趁机买入股票并把股价推向了高位。投资者在这个时候开始建仓是很不错的选择。

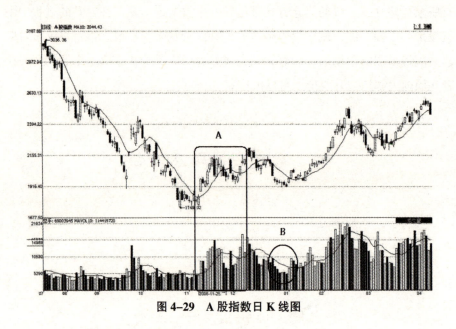

图 4-29　A 股指数日 K 线图

如图 4-29 所示，柳钢股份上涨的同期，A 股指数也没有停滞不前，不断放量上升的指数正为个股上攻提供了非常强大的支撑。图中显示 A 股指数自熊市以来首次出现的连续放量上涨，正是指数的这次放量上攻穿破了下跌的趋势线，打开了上涨的空间。图中 A 位置是指数开始反转的位置，不断放大的成交量与前期下跌时的缩量形成了鲜明的对比。而在后来的 B 位置，指数下跌时，成交量虽然再一次萎缩，但是相比前期指数下跌时的缩量，此处成交量还是大许多。这样看来，指数在此时也开始了真正的反转。

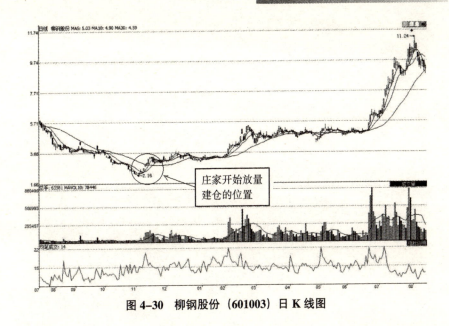

图 4-30 柳钢股份（601003）日 K 线图

　　如图 4-30 所示，柳钢股份（601003）在 2009 年牛市中出现了反转走势，从图中可以看出庄家开始大幅建仓的位置也正是股价开始反转的位置。投资者抓住这个庄家建仓的时机，达到与庄家同步建仓的目的，在今后庄家拉升股价时就能够取得同庄家一样的投资收益。如果操作得当，甚至可以比庄家的投资者收益还要高一些。因为庄家限于自身资金量大，不能够在短时间内建仓和出货，而投资者"船小好掉头"，从而为更好地盈利创造了条件。

第五章　洗盘——庄家拉升的保证

一、庄家洗盘的时机

洗盘是庄家在建仓完成之后，为了拉升股价而必须要做的事情。有效的洗盘可以为拉升股价"保驾护航"，保证价格拉升到位并且有利于庄家最后的出货动作。

在庄家操作股票的过程中，洗盘的时机一般会选择在建仓之后和拉升之前。原因是在建仓的过程中，股价在大多情况下都会有不小的涨幅，涨幅过大一定是需要清洗获利盘的，否则拉升时如果获利盘大量回吐，庄家的拉升成本就非常高了。甚至于说，庄家可能因无法应对巨大的抛盘压力而导致拉升股价失败。

庄家操作股票的周期是很长的，拉升股价也分为多个不同的阶段，在每一个拉升阶段开始之前可能都会有不同的洗盘手法。通过每一次的洗盘，庄家可以将获利盘不断地赶出局，新进入的投资者没有足够的获利，在拉升过程中是不会轻易出局的。

二、庄家惯用的洗盘手法

建仓是取得筹码的唯一方式，只有筹码拿到手才能够有机会盈利。而洗盘水平决定着拉升幅度的高低，只有大幅度地拉升股价才有可能获得较高投资收益。庄家洗盘的目的就是将持股不坚定的投资者"清洗"出局，而在洗盘的过程中还可以顺便降低持仓成本，为以后的操作做好充分的准备。

1. 拉升洗盘

拉升股价是庄家盈利的手段，为什么可以用来洗盘呢？原因就是利用散户投资者高抛的心态，狂拉股价能够使投资者见利止盈。对于在股市中忍受着套牢折磨的投资者来说，被大幅度拉升的股价无疑是一根"救命稻草"，抓住这根"救命稻草"就意味着挽回损失。套牢者顺利止盈出局正中庄家的下怀，庄家趁机收集筹码完成建仓过程。散户当中还有一些投资者喜欢"做短线"，进行高抛低吸的操作，这样做的结果就是很容易在庄家拉升的时候被洗盘出局。尤其是那些手法了得的庄家，采取拉涨停的手法引诱投资者见高就抛，投资者卖出股票后庄家就立刻拉升股价。

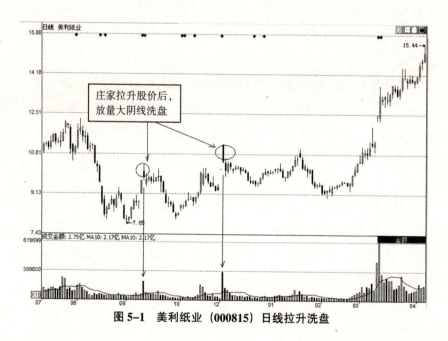

图5-1　美利纸业（000815）日线拉升洗盘

如图5-1中所示，从美利纸业（000815）日线图中可以看出，庄家在大幅度拉升股价之前，不断地采用拉升洗盘的手法，将浮筹"清洗"出去。第一次洗盘之前，在股价上涨到阶段高位时，庄家于2009年9月9日，利用开盘集合竞价的机会使股价高开3.76%，接着在开盘后立刻把股价拉到涨停

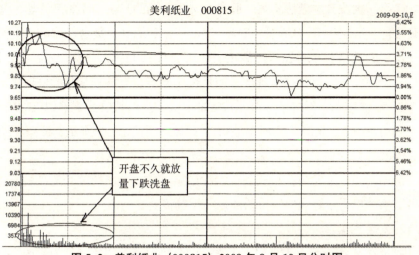

美利纸业　000815　　　　　　　　　　　　　2009-09-10,四

开盘不久就放
量下跌洗盘

图 5-2　美利纸业（000815）2009 年 9 月 10 日分时图

价。采用这种开盘即拉涨停的手法，多数投资者根本没有机会买到股票，除非有获利回吐的投资者卖出股票，其余投资者才有机会分享股价再次上涨的获利机会。在这个例子中，庄家并没有允许涨停板打开，而是在第二天继续在开盘集合竞价中使股价高开 4.04%。如图 5-2 所示，当日股价冲高上涨6% 后快速回落。从成交量的放大中可以很明显地看出，庄家顺利地完成了一次洗盘的动作。庄家拉高股价后又一次打压股价，散户见机回吐获利，从而达成了庄家洗盘的愿望。

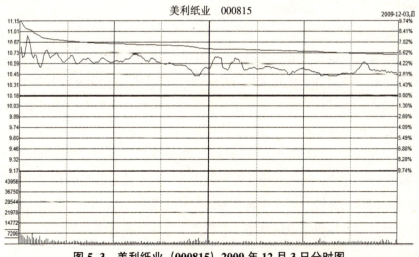

美利纸业　000815　　　　　　　　　　　　　2009-12-03,四

图 5-3　美利纸业（000815）2009 年 12 月 3 日分时图

在第一次拉升洗盘后不久，股价上涨到前期的高位，庄家又开始大幅度拉升股价。这次拉升与前一次有所不同，庄家利用开盘集合竞价的机会，使集合竞价的价格直接封在了涨停板上。第二日以 11.18 元/股的涨停价开盘，但是股价并没有维持在这个价位，而是快速回落。当日收盘时股价仅仅上涨 2.95%，K 线形态上形成了一个非常大的阴线实体。成交量竟然以 273309 手放大到前一日的 20 倍，换手率也高达 17.2%。如图 5-3 所示，庄家洗盘打压股价的过程一目了然。

毫无疑问，庄家再次把获利盘清除出局。经过两次的拉升洗盘后，庄家在接下来的拉升中顺利使股价的涨幅几乎翻倍。

2. 震荡洗盘

股价在 K 线形态上表现出上下震荡的走势，这是庄家有意为之的。庄家可以先拉升股价到一定涨幅之后，在 K 线形态上制造诸如大阴线之类的反转信号，一部分短线投资者会因为盈利而了结头寸，还有一部分被套牢的投资者也会为解套而卖出手中的股票。不管出于何种原因卖出股票，都能够达到庄家洗盘的目的。

之后庄家再将股价打压到初始上涨价位以下的位置。股价下跌后，一部分投资者由于风险承受能力弱而卖出手中的股票，这样做恰好迎合了庄家的意愿。经过不断的拉升和打压股价，持股不坚决的投资者已经所剩无几，而持股的投资者中很多都是看涨或者被套比较深的，股价没有真正向上拉升之前他们是不会轻易地出局的。

如图 5-4 所示，庄家在拉升广宇发展（000537）之前使股价大幅震荡，将持股不坚定的投资者清除出局。从图中可以很清楚地发现，股价上涨时的大幅放量和下跌时的缩量形成明显的对比。其目的在于洗盘而不在于出货，因此在股价下跌时只有少量不坚定持股的投资者卖出了股票，成交量并未放大，上涨过程中有庄家的参与自然就放大了成交量。

通过震荡不仅可以达到洗盘的目的，庄家还可以顺势把市场中投资者的眼球瞬间吸引过来，增加被操作股票的人气，使股价在以后的拉升中取得更多追涨投资者的支持。图 5-4 显示的日 K 线走势并不活跃，在股价大幅震荡之前始终保持着横盘下跌的状态。当发生了大幅震荡洗盘，股价才进一步活跃起来。

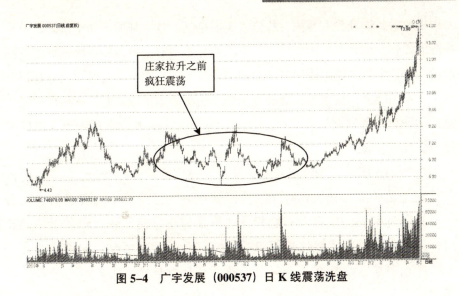

图 5-4 广宇发展（000537）日 K 线震荡洗盘

3. 横盘洗盘

庄家采取横盘的策略洗盘，这最能够考验散户的耐心了。股价可以上涨，也可以下跌，而股价横盘的时候最考验人。在股价下跌时，投资者见到形势不好可以立即出货止盈或者止损，当然也可以适当补仓；在股价上涨时，可以适时止盈，若上涨趋势可以持续则还可以加仓；如果股价波动幅度太小，投资者就不得不面对资金的时间成本了。长时间占用投资资金，不能

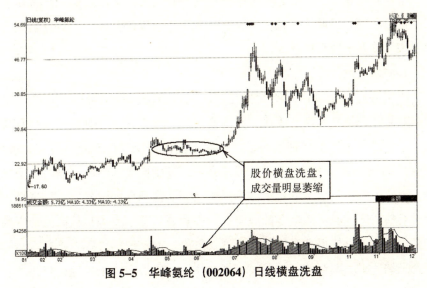

图 5-5 华峰氨纶（002064）日线横盘洗盘

够取得收益，即使没有亏损对投资者来说也是非常不利的。如果这时候采取换股的操作，尤其是在股市处于上升的趋势当中时，可以取得比较好的投资收益。若投资者不能忍受股价长时间的横盘不动，则不论何时卖出股票都是中了庄家的圈套。庄家就是等待投资者失去耐心卖出股票时，才得以完成洗盘的动作，当然这时候不仅仅是洗盘的操作，庄家的建仓过程也可以同时进行。

如图 5-5 所示，华峰氨纶这只股票在被庄家拉升到 25 元/股左右的价位后就开始滞涨。在大盘处于上升行情中时，滞涨对于投资者的忍耐力绝对是一种考验。眼看着多数股票的价格都在缓慢上涨，自己手中的股票却停滞不前，大多短线投资者都不能够忍受这种情况。如果投资者在此时卖出股票，那么接下来疯狂的拉涨行情就与这些失去耐心的投资者无缘了。

市场中经常有投资者利用板块联动来买卖股票，在已经启动的板块中挑选那些暂时滞涨的品种通常可以获得较好的投资收益。但是实际上，持有的股票如果长时间滞涨，那么不会有几个投资者会愿意花费几个月的时间来等待股价上涨的。这就是庄家为什么愿意采取横盘的手法洗盘了，原因就是可以清除出一大部分意志不坚定的投资者。而投资者失去持股耐心的后果就是与收益失之交臂。

华峰氨纶在 25 元/股附近横盘长达两个月之久，在横盘期间经常是上下几个点的涨幅。如此小的幅度，做短线几乎不可能赚到钱，并且还会因为股价重心下移而出现亏损。

4. 狂跌洗盘

庄家通过打压股价，使股价在短时间内破位狂跌也可以达到洗盘的目的。并且狂跌洗盘是洗盘手法中最为直接的一种方式，洗盘的效果也是最好的。不管投资者出于何种目的，巨大的亏损都是投资者不能够容忍的事情。股价破位下跌后，投资者手中的股票必然会发生巨大的浮动亏损。投资者必须在加码降低持仓成本和止损减小损失之间做出理性的选择。如果选择以摊低成本的方式加码买入更多的股票，对投资者的资金要求是很高的。因为资金量小是不足以使得持仓成本大幅度下降的。而一般的投资者是没有足够的资金来加码买入股票的。既然没有能力使用加码的方式来降低持仓成本，那么投资者的选择就只能是卖出股票止损了。当投资者顺利止损时，庄家就会在成功洗盘之后买回被自己出售的股票（当然也包括散户卖出的股票），完成洗盘动作的同时也降低了自己的持仓成本。

如图 5-6 所示，万家乐（000533）在被拉升之前已经横盘了一段时间。但是庄家似乎认为还没有真正达到洗盘的效果，持股的投资者中还有很多的不坚定分子。在大盘下跌的过程中，庄家迫使股价大幅度下跌。从图中的成交量来看，股价下跌时显现明显的缩量。在连续三次股价狂跌洗盘的过程中，成交量一次比一次小。下跌中不断变小的成交量正好说明了庄家的洗盘是成功的。最初洗盘时有比较多的不坚定分子，而随着洗盘过程的深入，持股的投资者中不坚定分子已经很少了，再次洗盘只能使成交量再次萎缩。三次洗盘结束，股价就进入了拉升阶段。在拉升过程中，股价一鼓作气涨到了 10 元/股附近的价位，上涨幅度达到了几乎翻倍的效果。

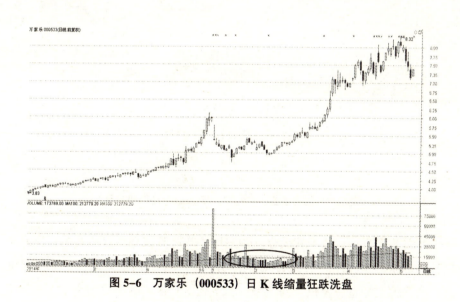

图 5-6 万家乐（000533）日 K 线缩量狂跌洗盘

三、洗盘时均笔成交量的变化

由于庄家在洗盘的时候不是真正的出货，而是诱导散户出货，因此均量线一般不会有太大的变化。如果均量线出现连续放大的现象，庄家是否在洗盘就值得怀疑了。一般来说，只有庄家在建仓或者出货的时候，均量线才会维持在高位，而在洗盘和拉升的时候占用了庄家的部分资金，均量线是不会一直维持在高位的，更不会出现巨大的均量线。

1. 拉升洗盘

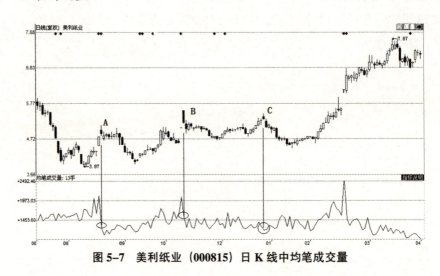

图 5-7　美利纸业（000815）日 K 线中均笔成交量

如图 5-7 所示，从美利纸业（000815）的日 K 线图中可以看出，庄家采用拉升的手法，在图中 A、B、C 三点分别进行了三次洗盘动作。既然是洗盘，则股价上涨是庄家拉升的结果，而下跌就是散户的出货动作了。从均笔成交量上考虑，上涨时均笔成交量应该是增大的，而股价见顶回落时庄家的身影消失了，都是散户在出货，均笔成交量也必然减小。图中所示的 A、B、C 三个洗盘位置，也正是成交量增大但是均笔成交量减小的位置。

如图 5-8 所示，美利纸业（000815）日 K 线 A、B、C 三处的洗盘过程所对应的成交量都是放大的，这说明庄家洗盘的动作正在有序地展开。在三次洗盘的过程中，A 处的成交量比较大，证明市场中还有很多浮筹没有被清除，B 处的成交量则放大了许多，此时市场中的浮筹还是很多的，但是通过 C 处的洗盘后，股价下跌时的成交量已经明显下降了，基本上已经不存在放量洗盘的问题了。这说明庄家的洗盘动作已经完成，持股不坚定的投资者已经很少，该股可以进入到拉升阶段了。

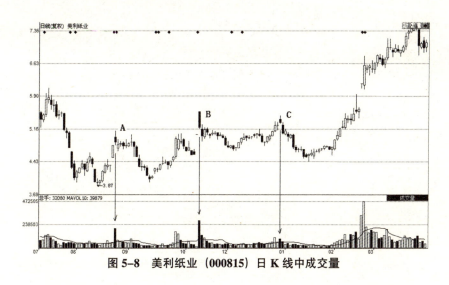

图 5-8　美利纸业（000815）日 K 线中成交量

2. 震荡洗盘

如图 5-9 所示，广宇发展（000537）的庄家在拉升该股之前高位震荡洗盘长达三个月的时间。股价在震荡之中，走势基本上没有什么趋势性可言。股价被拉升然后转为下跌，随后继续拉升、继续下跌，从反复震荡之中的均笔成交量可以让我们认清庄家震荡的目的。由图中可以看出，在拉升阶段均笔成交量放大，而在下跌阶段均笔成交量萎缩，说明庄家的意图是震荡洗盘，而不是借机完成出货。震荡过程中的股价下跌动作都是由散户来完成的，所以均笔成交量一直处于较低位置。

3. 横盘洗盘

如图 5-10 所示，从华峰氨纶（002064）的日 K 线图中可以看出，庄家利用两个月的横盘整理时间来清洗浮筹。随着横盘时间的延续，均笔成交量

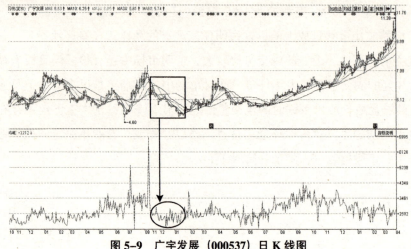

图5-9　广宇发展（000537）日K线图

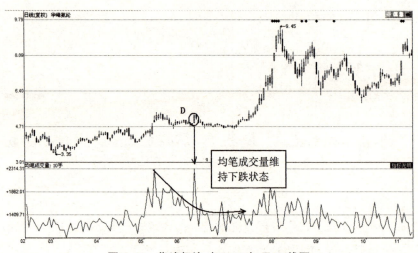

图5-10　华峰氨纶（002064）日K线图

不断地萎缩，庄家的身影几乎从该股中消失了，股价也处于静止不动的状态。股价进入横盘洗盘的状态之后，庄家只是在D处（2009年6月10日）把股价拉升了一个涨停板，图中的均笔成交量明显地放大，其余时间均笔成交量并没有明显放大。庄家的意图非常明显：拉升股价到一个价格平台之后，开始横盘洗盘，洗盘时大都是散户自行交易，庄家只是起到维持股价的作用，偶尔也借助试盘的机会抢些筹码。投资者弄清庄家真正的意图之后，就不会被横盘洗盘的动作清洗出局了。

4. 狂跌洗盘

如图 5-11 所示，力合股份（000532）的庄家采取大幅度打压股价的洗盘手法。短时间就把股价打入谷底，然后在股价处于低位时趁机吸货，真可谓打压洗盘与拉升吸货并举。从图中可以明显地看出庄家连续四次打压股价，从每一次的均笔成交量都能看出庄家并没有参与抛售股票。庄家在股价下跌中只是起到引导作用：在开盘后把股价砸下去，随后让散户自行抛售股票，进而使股价自然下跌，抛售的股票中多数是由散户操作的，庄家抛售的数量是相当少的。投资者如果看清楚了这一点，即使股价破位下跌，也不用担心这是庄家出逃时的出货行为了。只要庄家没有出货，后市还有上涨的机会。

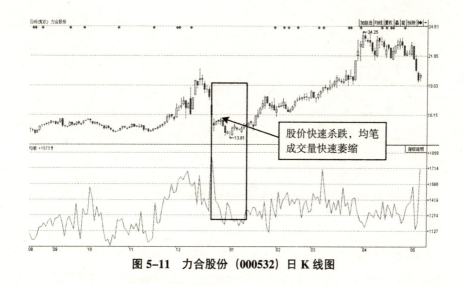

图 5-11　力合股份（000532）日 K 线图

四、洗盘时量价关系的异常

洗盘时庄家只是利用一部分资金把股价打压下去，而卖出股票的资金多数都是出自于散户，庄家在洗盘中起到"抛砖引玉"的作用。庄家打压股价，被引诱的投资者也随之卖出筹码，这样才造成了成交量的放大。一般在庄家洗盘的初期，成交量稍微放大，但是不是明显的放量，而且随着庄家洗盘动作的深入，成交量会出现明显的下降，直到成交量缩小到地量的程度。总之，在庄家洗盘的过程中股价和成交量呈现反向的变化，即股价下跌但是成交量是逐渐缩小的。等待成交量几乎达到地量时，洗盘的动作也就差不多完成了。

1. 拉升洗盘时：成交量会随着股价达到顶部洗盘而出现瞬间的放量，但是随着股价下跌又逐渐萎缩

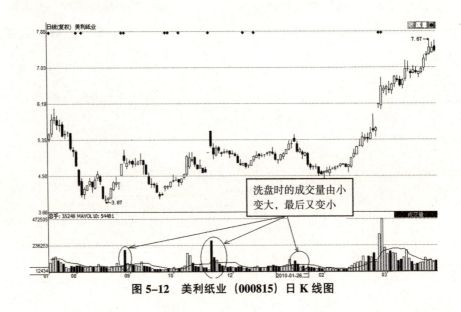

图 5-12　美利纸业（000815）日 K 线图

如图 5-12 所示，在庄家对美利纸业（000815）的三次拉升洗盘中，第一次的成交量明显放大，显然是由众多的散户在股价处于高位时出货所致，而在第二次洗盘中，成交量又一次因为散户的出货而放大了。有了前两次的有效洗盘，第三次庄家还是利用相同的手法进行洗盘，然而成交量竟然减小了许多，这说明洗盘的效果还是不错的。第三次的洗盘已经没有多少散户看空后市了。

2. 震荡洗盘时：随着股价的上涨和下跌，成交量和股价一般会出现同涨同跌的现象

如图 5-13 所示，江南红箭（000519）的洗盘过程可谓一波三折。庄家在股价的高位震荡洗盘，缩量下跌和放量上涨在很长的一段时间内成为这只

股票走势的常态。在长达三个月的横盘整理期间，股价的波动幅度逐渐减小，局部成交量虽然呈现出价涨量增、价跌量缩的关系，但是在整个震荡洗盘过程中，成交量已经明显萎缩了。直到股价再次被庄家拉升，成交量才逐渐开始放大。

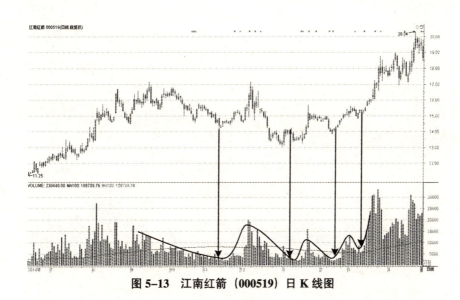

图 5-13　江南红箭（000519）日 K 线图

震荡只不过是庄家洗盘的手法，惜售的庄家是不肯真正出货的，震荡只是在恐吓投资者。经受不住股价震荡的影响，很多的投资者一定会在恐惧之中卖出股票。

3. 横盘洗盘时：成交量和股价的变动关系一般是不固定的，并没有显著的同步上涨或者是下跌的关系

股价的涨跌幅非常有限，成交量也不是很大，并且随着时间的推移，股价波动不断收窄，成交量逐渐萎缩，直到庄家开始拉升股价时这种情况才有转机。如图 5-14 所示，庄家在操纵中海海盛（600896）这只股票的时候，股价上涨途中不断地出现横盘情况。虽然股价没有出现下跌的状况，但是横盘滞涨也能起到洗盘的效果。在图中三次明显的横盘中，庄家和投资者的交投都不是很活跃。成交量呈现出明显的"凹陷"状态，说明市场是不支持股价下跌的，静止不动的股票只能够说明庄家是在玩弄洗盘的小把戏，通过成交量的萎缩就可以明显看出来。这里仅有的一点配合股价下跌或者横盘整理

的成交量都是由止损的、止盈的、恐慌性抛售的投资者所为，真正看涨的主力大军还在坚守阵地，等待股价企稳之后庄家就可以马上发动攻势了。那时股价的上涨一定是势如破竹，涨幅不可限量。

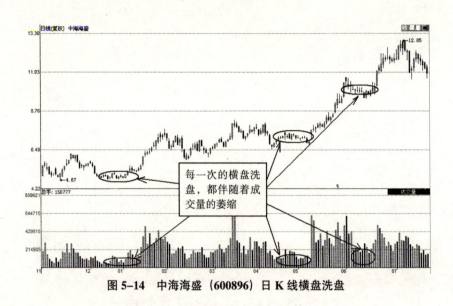

图 5-14　中海海盛（600896）日 K 线横盘洗盘

4. 狂跌洗盘时：股价短时间大幅度下跌一定会引起恐慌性的抛售行为，成交量必将放大。经过洗盘之后，成交量会逐渐萎缩，原因是不坚定持股的投资者越来越少

如图 5-15 所示，包钢稀土（600111）的庄家在股价上涨的途中，曾经疯狂地打压股价。曾把股价从 32 元/股附近的价位打压到了 22 元/股附近，跌幅高达 30% 之多。而在随后的下跌途中，成交量逐渐呈现萎缩状态。从图中可以看出，股价的下跌过程呈现出"U"形的走势，而成交量也呈现出相同的走势。正是这种走势才说明庄家还没有离场，再猛烈的下跌也只是上涨过程中的洗盘而已。

庄家采取的狂跌洗盘手法同震荡洗盘中的下跌阶段是类似的，都是采取破位下跌的手法，恐吓投资者卖出筹码，从而达到洗盘的目的。其中的缩量下跌是识破庄家陷阱的秘诀之一，在成交量没有实际放大之前，庄家是不可能出货的。

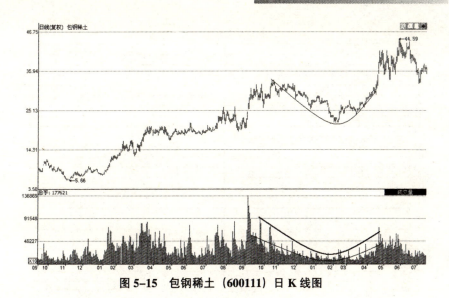

图 5-15　包钢稀土（600111）日 K 线图

五、洗盘时分时图的表现

　　庄家在分时图中主要是通过操纵集合竞价、委比等指标来实现洗盘的。在分时图中一般会表现为开盘拉升洗盘、开盘狂跌洗盘和大笔委卖单洗盘。开盘拉升和狂跌洗盘主要是庄家利用资金优势，控制开盘价格引发投资者抛售股票，从而达到洗盘的目的。而庄家在盘中挂出超级大卖单也可以恐吓投资者卖出手中的股票。若盘中委比始终维持在很低的水平，再配合股价的弱势阴跌，这样恰好可以使投资者感觉到庄家的"出货"，随后投资者会很自然地卖出筹码。

　　如图 5-16 所示，西部矿业（601168）的庄家在 2009 年 4 月 22 日的交易中，当天把股价打入跌停板中，成交量在临近收盘时被密集放大，庄家借助洗盘的机会大量建仓。虽然股价被打压到跌停板附近，庄家的洗盘目的已经达到，但是庄家趁机抢获一些廉价筹码也是必要的。

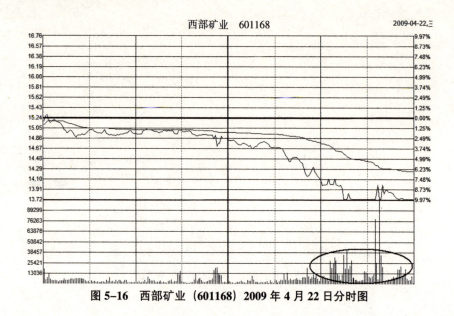

图 5-16　西部矿业（601168）2009 年 4 月 22 日分时图

　　如图 5-17 所示，在 2009 年 12 月 3 日，庄家利用资金优势，促使开盘竞价以 11.18 元/股涨停价格开盘，随着市场开盘股价大幅下挫，收盘价格仅仅上涨了 2.95%。庄家通过开盘时候的拉涨停，使得散户大量抛售股票，庄家就此完成了一次洗盘。分时图中开盘后的巨大成交量，说明散户不计成本

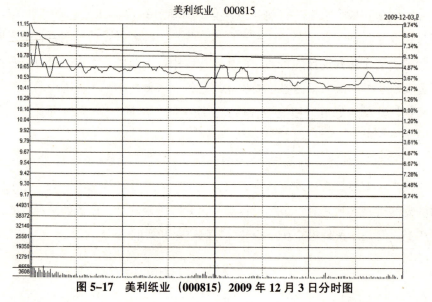

图 5-17　美利纸业（000815）2009 年 12 月 3 日分时图

地抛售手中的股票，致使股价疯狂下跌。图 5-18 为东旭光电（000413）洗盘日所在的 K 线区域。

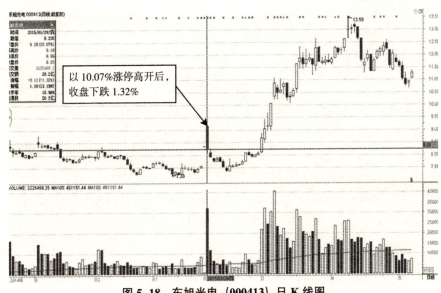

以 10.07% 涨停高开后，收盘下跌 1.32%

图 5-18　东旭光电（000413）日 K 线图

六、洗盘时 K 线图的表现

1. 拉升洗盘

拉升时候洗盘的动作发生在股价的顶部，庄家在股价位于顶部的时候出货是洗盘的重要标志。洗盘的当天经常会出现具有明显反转意义的 K 线形态，诸如高位十字星、高位大阴线、上影线比较长的小阳线等。

如图 5-19 所示，庄家在三次拉升洗盘中，于股价的三个高位处都出现了反转的 K 线形态，并且伴随着成交量的放大。三次拉升见顶回落之后，反转的 K 线形态恰好就反映出当日洗盘的过程，经常伴随着高位的棒槌形阴线、高位放量大阴线以及高位小阴线。对于喜欢技术分析的投资者来说，高位出现的反转 K 线形态是很有欺骗性的，特别是在放量的情况下，投资者很

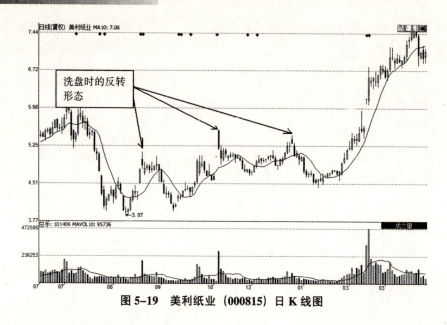

图 5-19 美利纸业（000815）日 K 线图

容易误判行情，错失以后拉升的良机。

2. 震荡洗盘

震荡洗盘在洗盘手法中是波动比较大的一种手法，"上蹿下跳"的股价走势经常出现。在日 K 线上，通常会表现为震荡上涨的时候大阳线飙涨，下跌的时候大阴线急速下挫。除了明显的大阳线和大阴线以外，震荡洗盘即将结束的时候还经常出现一些菱形、矩形形态等。

如图 5-20 所示，金飞达（002239）庄家洗盘手法之复杂，是众多的投资者都难以想象的。在震荡洗盘中，股价不断地上涨和下跌，K 线形态上经常是一些连续的大阳线和连续的大阴线。如此的波动，很能考验许多手法优秀的短线投资者。在最终震荡洗盘后，K 线形态上形成了一个明显的菱形形态。最后，菱形形态被放量大阳线突破时，股价才真正进入了拉升的阶段。

3. 横盘洗盘

横盘洗盘过程中价格波动比较小，看多的投资者转为看空的过程也是被洗盘出局的过程。随着持股不坚定投资者（解套盘、获利盘等）的逐渐出局，洗盘过程也就相应结束，K 线上表现为小阴线、小阳线的形态。

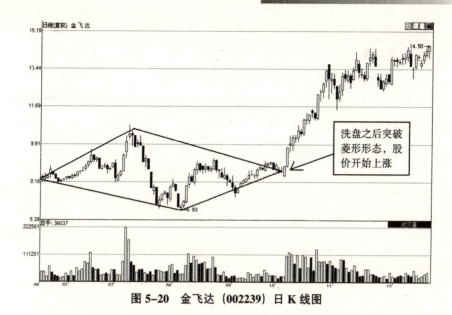

图 5-20 金飞达（002239）日 K 线图

如图 5-21 所示，五矿发展（600058）在横盘期间基本上没有什么像样的上涨和下跌，大多是些小阴线、小阳线的整理形态。失去波动而横盘的股价就像一潭死水，没有任何的生气。这也正是庄家采取横盘洗盘手法的典型特征。

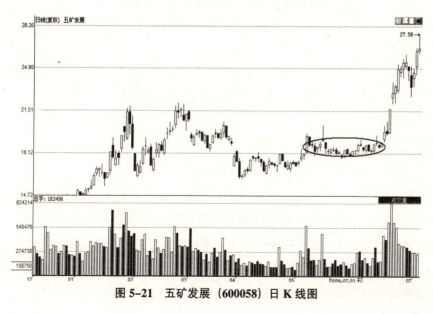

图 5-21 五矿发展（600058）日 K 线图

4. 狂跌洗盘

狂跌洗盘自然对应着巨大的阴线。如图 5-22 所示，庄家对华数传媒（000156）控盘的时候采取途中狂跌的手法把浮筹清洗出局。图中所示的放大阴线为庄家洗盘的结果，连续破位下跌的大阴线是庄家狂跌洗盘的必然结果。庄家需要的洗盘效果就是时间短、跌幅深、出局人数多，这样才有利于以后的股价拉升得以顺利进行。

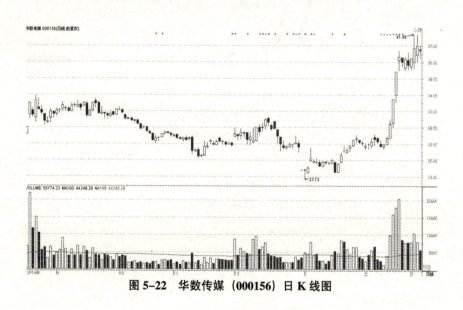

图 5-22　华数传媒（000156）日 K 线图

七、散户实战跟庄洗盘

如图 5-23 所示，宜华健康（000150）在反弹中刚有了一些涨幅，就随着指数的上涨而开始下跌。庄家充分利用了这次洗盘的机会，使股价在缩量中缓慢下跌，给投资者一种"股价上涨幅度过大后，又一次开始了阴跌"的错误概念。事实上，该股在连续五天的下跌中，股价并没有多大的下跌幅度，而是出现了"欲跌不能"的怪现象。既然投资者当中没有人会支持下跌，严重的缩量下跌就意味着上涨的趋势已经形成，股价在企稳之后会再次上涨。

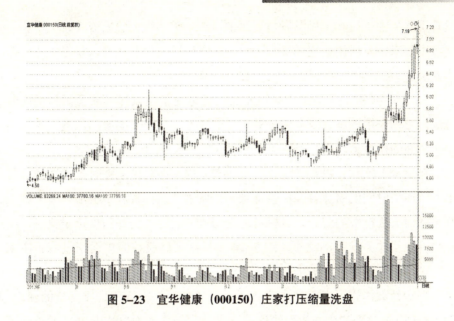

图 5-23　宜华健康（000150）庄家打压缩量洗盘

投资者跟庄的时候，洗盘是一个绝好的建仓或者是加码机会。投资者可以在股价下跌时看准方向，在股价略微企稳时买入股票，等待庄家继续拉升股价。缩量阴跌的时候，投资者可以分批次地买入股票建仓。洗盘的时候，投资者依据情况可以做些低吸高抛售的动作，以赚取短时间的差价。做短线的时候，注意投资风险是第一位的，庄家在洗盘的时候，股价的波动本身就

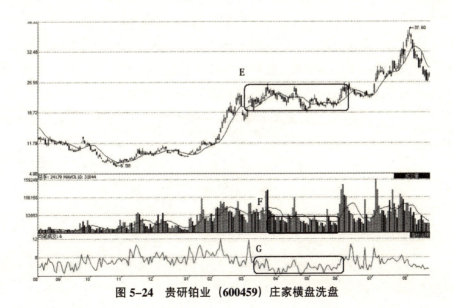

图 5-24　贵研铂业（600459）庄家横盘洗盘

具有不确定性。因此，投资者做短线也不能指望有很大的投资收益，毕竟是洗盘，如果像贵研铂业这样微幅下跌，那么做短线就非常难以获得实质投资收益了。

如图 5-24 所示，同是贵研铂业的洗盘过程，庄家却采取了截然不同的方式。图中显示的洗盘采取的是横盘滞涨的方式。股价的波动虽然不大，但是长时间的横盘足以让投资者的耐心面临前所未有的严峻考验。

在股价下跌时，投资者可以止盈或者止损，在股价上涨时，投资者可以加仓，而长时间的滞涨就会使投资者不知所措了。投资者中很多人会因为无利可图而失去持股的耐心，当投资者卖出股票以寻求更好的投资对象时，庄家也开始了拉升股价的动作。图 5-24 中显示了该股在横盘期间过后，庄家连续拉升股价到 37 元/股附近。

那么什么因素可以确认庄家确实是在洗盘呢？答案就是成交量的变化。图 5-24 中 F 位置的成交量随着庄家洗盘动作的深入而一再萎缩，无量的下跌过程表示股价并不是真正意义上的下跌，长时间持续的弱势只不过是庄家一手操纵的结果罢了。

不仅如此，从图 5-24 中 G 位置的均笔成交量来看，庄家在洗盘中的出入并不是很频繁，均笔成交量出现了明显的下跌趋势。其原因就是，洗盘不像是拉升那么消耗资金，庄家只需股价上下小幅度的震荡即可，并不需要太大的波动。图中的均笔成交量正反映了庄家洗盘的特点。

在庄家横盘洗盘时，如果投资者事先得知庄家在利用横盘的机会洗盘，就可以在横盘区域内不断地买进筹码，借庄家洗盘的机会，完成二次建仓的操作。通过以上的分析可以看出，其实庄家的这种洗盘手法并不太高明，投资者完全可以判断出庄家的真正意图，对症下药，在洗盘中继续持股或者补仓。

第六章 拉升——庄家盈利的助推器

一、庄家拉升的时机

拉升股价是庄家获利的非常重要的手段，但是不是任何时候都可以进行拉升的。选择好拉升的机会既可以节省庄家拉升的成本，又可以获得更好的投资收益。而不恰当地拉升股价非但不会获利，还会因为抛盘的大量涌现而出现浮亏。浮亏是庄家不愿意看到的情况，那么选择好拉升的时机就非常重要了。一般情况下，庄家拉升的时机有以下几种情况。

1. 指数企稳的时候拉升

指数在疯狂下跌当中，不会有几个庄家愿意拿出大笔的资金砸到某一只股票上去。市场中有句名言"顺势而为，不可逆市而动"。逆市而动虽然也能够使股价变成一匹诱人的"黑马"，但毕竟是少数情况。而且限于庄家实力的参差不齐，资金实力不够雄厚的庄家是不会轻易逆市拉升股价的。只有在市场企稳的时候，拉升股价才变成顺水推舟的事情。只需要少量的资金，股价就会在追风盘的追涨下自然上涨，庄家几乎不费力气就能获得相应的投资收益。

2. 利好消息出现前后拉升

利好消息包括国家政策方面的利好消息（如经济刺激计划、下调存贷款利率、下调股票交易的印花税率等）和上市公司自身的利好消息（资产重组、业绩预增预盈、高送转方案等）。不论是哪一种利好消息，都会对股价的走势造成巨大的影响。如果庄家对公布的利好消息有一个肯定的判断，那么提前拉升股价也不是不可以的。很多时候庄家利用自身的调研实力提前得知利好消息即将公布，就可以事先拉涨停股价，从而使投资者措手不及。待散户得知利好消息后股价已经涨到位置，再买入股票也只能是给庄家接盘。利好消息公布之后的拉升，也是多数庄家会做的事情。它们选择这个时候拉升股价，就是适应市场的"跟风"行为。虽然是跟风，但是有理有据，拉升的时候能够取得投资者的信任，不断聚集的跟风盘涌入市场，对股价起到推波助澜的作用。

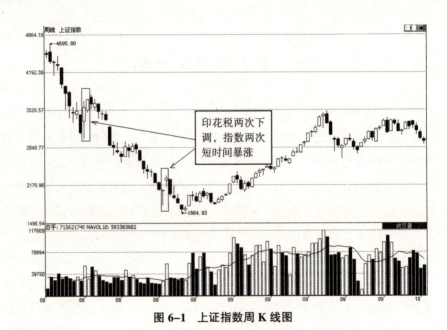

图 6-1　上证指数周 K 线图

如图 6-1 所示，在 2008 年的大熊市期间，国家两次出台了降低股票交易印花税的政策，每一次都引起了指数短时间的暴涨。在暴涨的过程中，个股也跟随指数一同上涨。

如图 6-2 所示，国金证券（600109）在印花税下调的刺激下，随着指数以涨停的方式快速上冲。利好兑现后股价拉升分别有四个和三个涨停板，短时间的涨幅是非常惊人的。

3. 指数滞涨的时候

指数滞涨表明市场中缺少热点，但是也没有非常不好的利空消息。多数股票处于横盘、震荡整理的状态中。如果这时候庄家突然拉升其坐庄的

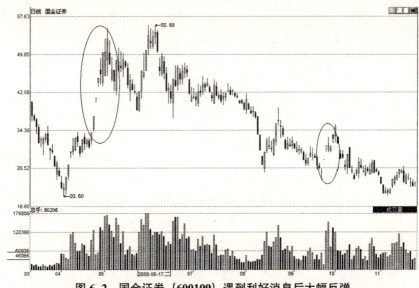

图6-2　国金证券（600109）遇到利好消息后大幅反弹

股票，是相当吸引眼球的。没有热点的市场会因为某一只股票的大幅度上涨而骚动起来，追风盘会大量地扑向那些被拉升的股票。指数滞涨时出现的"黑马"会越涨越高，因为上涨就是热点，就有投资者转而购买这样的股票。

如图6-3和图6-4所示，东阳光铝（600673）在上证指数下跌的途中，也出现了小幅的调整。但是调整的时间不长，下跌幅度也不是很大。在指数还处于滞涨阶段时已经开始上攻。当指数超跌反转后，多数股票也随之上涨，但是东阳光铝已经"高高在上"了。

4. 洗盘之后立刻拉升

庄家洗盘的目的无非就是将股价顺利地拉升到位，没有洗盘的动作，拉升股价并不能够取得很好的效果。既然完成了洗盘这一个环节，那么在市场一片向好时顺势把股价拉到位置也是很自然的事情。在这时拉升股价，可以充分利用洗盘时候聚集的人气。有了人气，庄家拉升时就不是"孤军奋战"了。随着股价突破阻力，追涨的投资者会越来越多。

如图6-5所示，贵研铂业（600459）在大幅度上涨之前，遭到了庄家的大幅打压，K线上出现了两根大阴线。然后股价立即企稳，快速地上涨了20%以上的幅度。这种洗盘之后立即拉升的手法是庄家经常用到的，洗

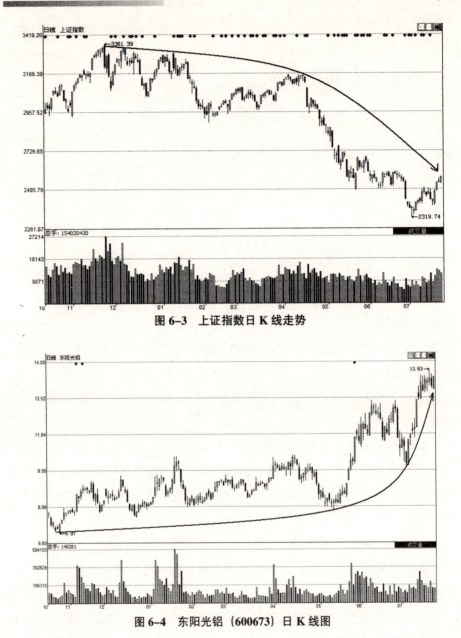

图 6-3　上证指数日 K 线走势

图 6-4　东阳光铝（600673）日 K 线图

盘后立刻拉升可以利用股票短时间的良好股性立刻将股价拉到涨停，从而获得超额利润。

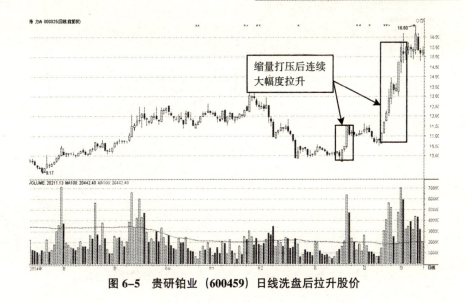

图 6-5　贵研铂业（600459）日线洗盘后拉升股价

二、庄家惯用的拉升手法

1."U"形反转缓慢拉升

股价不温不火地向上攀升，在长时间的上涨过程中，最终会形成近似"U"形的形态，可以把这种庄家拉升股价的方式叫做"U"形反转拉升。庄家采取这种拉升手法，一是出于自身实力的限制，没有足够的资金来充分地打压股价建仓；二是庄家采取这种拉升的手法可以避免其他主力资金抢筹。在股价缓慢向上拉升过程中，虽然每次上涨的幅度都非常小，但是集腋成裘，久而久之仍然有非常大的上涨幅度。事实上，在行情突然启动的时候，庄家采取"U"形反转缓慢拉升的手法，也可以在拉升的过程中不断地吸筹从而完成建仓。这样就不会因为自身资金不足的问题失去建仓机会，从而与行情失之交臂。

如图 6-6 所示，深康佳 A（000016）的庄家在拉升股价的时候采取了非常隐蔽的"U"形反转缓慢拉升手法。股价跟随大盘一起启动的时候，起初的涨幅并不是很大，而是沿着均线之上缓慢放量拉升。如果不仔细查看，很难清楚地看出股价居然也随着时间的推移上了一个台阶。庄家利用这种"U"

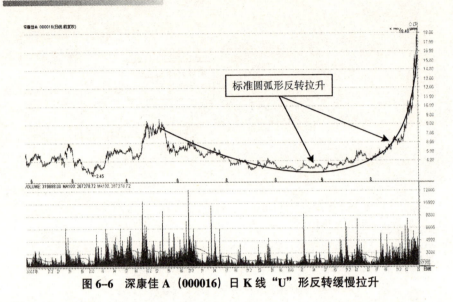

图 6-6　深康佳 A（000016）日 K 线 "U" 形反转缓慢拉升

形反转的方式拉升股价，最初是很具有隐蔽性的。不温不火的股性是不会引起投资者的猜忌的。只有通过观察股票的长期走势才能够察觉出股票的上涨趋势来。被操纵的股价随着拉升时间的不断推移，上涨速度也逐渐加快，最终股价呈现出放量喷发的涨停走势。只要庄家拉升股价的速度没有大幅度的提高，投资者还是有很多投资机会的。"U" 形反转的拉升手法不经过快速的上冲，股价一般是不会轻易见顶的，所以可以长期持有这样的股票。

2. 打压中拉升

资金量不足的庄家经常采取打压中拉升股价的方式，以达到获取利润的目的。庄家通过低吸高抛的手法操纵股价，低位买入股票，拉升到一定的涨幅之后又把股价卖出去。这样不断操作股票，即使股价没有多大的涨幅，庄家也可以获得相当可观的利润。采取这种手法拉升时，股价在走势上经常呈现一种有规律的震荡攀升走势。如果能够与庄家操作的过程步调一致，投资者同样可以获得丰厚的投资回报。

庄家采取这种拉升手法的好处：可以节省不小的资金成本，每次都不大的涨幅可以有效避免监管层的监管，还可以避开公司基本面因素招致的投资风险。

如图 6-7 所示，远兴能源（000683）的庄家拉升股价的方式比较独特，即在打压中拉升股价。每一次的股价拉升都有百分之十几的涨幅，但是随着

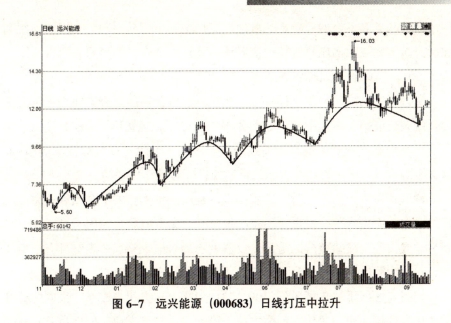

图 6-7 远兴能源（000683）日线打压中拉升

股价上涨乏力它又不断地见顶回落到初始上涨价位附近。股价就是在这样不断被拉升、打压的过程中创出新高的。虽然股价最终的上涨幅度并不是很大，但是在拉升股价过程中潜在的投资收益是非常大的。庄家利用这种打压中拉升的手法，低吸高抛，获利丰厚。提前预知庄家拉升手法的短线投资者也可以在波动中赚取不尽的利润。长线投资者应该注意的是，一定不能够在这种打压中拉升的股价中持股待涨。因为这样的股票比起那些稳定拉升的股票，其上涨幅度要逊色许多。

3. 有节奏的阶段性拉升

有节奏地阶段性拉升，是庄家有意在股价被拉升到一个新的价位时，进行股价横盘整理，等待获利盘出局之后再开始下一波的拉升动作，拉升到另外一个高价位之后再次整理。股价被反复向上拉然后整理，时间一久就呈现出明显的阶梯状 K 线走势。

庄家采用这种有节奏的阶段拉升手法时，也在拉升中穿插了许多洗盘的动作。其中的横盘整理就是庄家在拉升过程中的洗盘操作。只是这种洗盘手法相对于打压、震荡等手法要温和得多。庄家只要限制住了股价的上涨，就达到了洗盘的目的。

阶段拉升的手法多见于庄家实力强，而被操纵的股票基本面又十分良好的情况。基本面良好的股票，其股性比较稳定，不容易出现大幅度的不规则波动。而实力强大的庄家有能力使股价的波动按照自己的意愿来运行，即使是有节奏的涨跌也可以轻而易举的实现。

实力强大的庄家采取这种拉升手法时，股价预期的上升空间是无可限量的。巨大的涨幅一定需要散户的配合才能够实现。庄家利用横盘整理的手法洗盘，要稳定投资者的情绪，并且给投资者关于股价可以继续上涨的暗示。这样做既可以降低抛售的压力，还可以使投资者继续放心持股。

最后，在股价见顶之时，庄家还可以利用股价横盘的机会顺利地完成出货的动作。而出货的时候也不用担心投资者会抛售股票。原因是经过长时间有规律的拉升、横盘整理的走势，投资者已经对横盘整理的走势具有了免疫力，并认为股价还会继续上涨，横盘只是短时间的状态而已。

如图6-8所示，广博股份（002103）的庄家实力相当雄厚，采取的拉升手法也是独树一帜。股价在反弹之后，沿着趋势有节奏地阶段性拉升，每进入一个新的价格区域时，就开始横盘整理。时间一久，该股的日K线走势就类似一个个不断向上延伸的楼梯。股价每次上涨的时间虽然不是很长，但几乎都是以涨停的方式进行的，因此涨幅巨大。股价上涨之后的整理是采取横盘的方式，股价基本处于静止不动的状态，向下的跌幅很有限，因此可以保留上涨的大部分利润。

图6-8 广博股份（002103）日K线图

有节奏地阶段性拉升股票，在日 K 线的走势上是非常有特点的，只要指数仍然延续着上涨的趋势，股价就可以继续上涨。如图 6-9 所示，从同期上证指数的日 K 线走势图中可以看出，指数在最初反弹时的波动幅度还是比较大的。随着时间的推移，指数上涨的趋势也更加明显，调整幅度也更小。

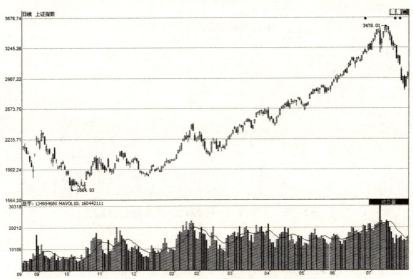

图 6-9　上证指数同一时期日 K 线形态

4. 涨停拉升

涨停拉升就是庄家利用高度控盘的优势，突然在某一天启动拉股，把股价拉升到涨停，并且在今后的很多日内都以涨停的方式开盘拉升股价。这样的拉升方式，对场外观望的散户来说最为不利。只要行情开始启动，散户越是不敢在高点买入，庄家越是不断地把股价拉到涨停板。经过连续几个交易日的拉升后，股价会有翻天覆地的变化。如果散户想在庄家拒绝拉升股价的时候买入股票，那只有给庄家"抬轿子"的份了。

庄家采取涨停手法拉升股价，一定是经过长时间的吸筹才敢于操作的。在庄家吸筹阶段，目标股票的波动是非常小的，并且 K 线形态上多数是由很多成本被不断抬高的小阴线和小阳线组成。K 线的实体部分通常占据着形态的绝大部分，小阳线的数量明显多于小阴线的数量。

以涨停方式拉升股价的庄家其实力绝非一般的庄家能够比拟的。其在拉升股价之前调查得非常充分，有足够的理由确保被操控的股价是物有所值的。如提前知晓重组内幕的庄家会首先布局目标股票，等待消息发布之后再强力拉升股价，从而获得超额的暴利。

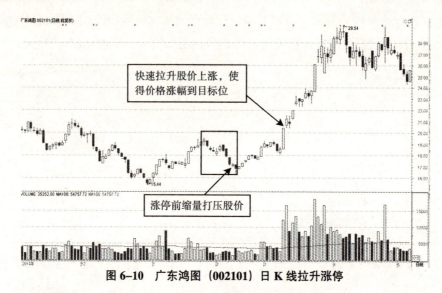

图6-10　广东鸿图（002101）日K线拉升涨停

如图6-10所示，广东鸿图（002101）的庄家大幅拉升股价前缩量打压股价，下跌幅度超过15%。打压过后稍做整理就以涨停的方式把股价拉升到了位置。连续五个涨停板的幅度，股价上涨超过66%，成为短线中的一匹"黑马"。庄家采取涨停手法拉升股价前一般会经过长时间的吸筹，或者是在缩量大幅度打压股价后拉升股价。一旦股价开始启动上涨，很少有投资者能

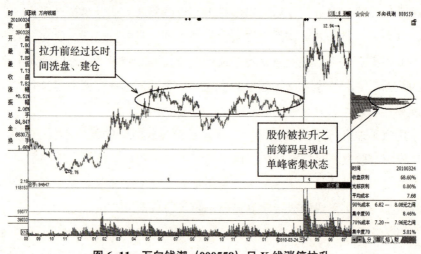

图6-11　万向钱潮（000559）日K线涨停拉升

够抓住上涨的机会。

如图 6-11 所示，万向钱潮（000559）的庄家在拉升股价前，经过了长达九个月的横盘洗盘、建仓过程，然后等待洗盘结束之后在股价波动的平台高位附近，连续拉升两个涨停板。随后股价在继续强势中快速上涨。

在长达九个月的横盘期间，不坚定的投资者逐渐被洗盘出局，并且筹码的分布逐渐趋于集中，在庄家拉升前期筹码分布已经呈现出单峰密集的形态。可见庄家的洗盘效果是非常好的，要想拉升股价，只需要放量拉升，突破阻力位置即可以使股票顺利进入上涨的趋势。

正如我们预计的那样，万向钱潮（000559）在 2010 年 3 月 25 日放量成交 911448 手，比前一日放大了 10.7 倍，并且以 9.97% 的涨幅稳稳地收盘在涨停板。单峰密集的筹码区域被有效突破之后，股票接着又出现一个涨停板，之后万向钱潮的上涨势如破竹。

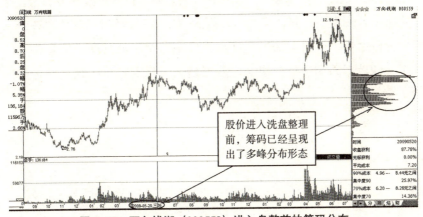

图 6-12　万向钱潮（000559）进入盘整前的筹码分布

如图 6-12 所示，从万向钱潮（000559）在即将进入洗盘整理前的筹码分布可以清楚地看出：大概在 2010 年 5 月 20 日前，筹码出现了很明显的多峰形态，准确地说主要是两个筹码聚集的峰。如何让这些不规则的筹码趋于一致呢？只有通过不断的洗盘，才能够达到目的。筹码高度集中以后说明获利盘几乎全部出局，剩下的就是获利很少的投资者，一旦股价突破筹码密集区域，即可以很容易地大幅度拉升股价。

三、拉升时均量线的变化

成交量在拉升过程中不同于建仓阶段。建仓时庄家动用了自己绝大部分的资金，而拉升时只需要少量的资金就可以达到拉升的目的，因此成交量一般不会非常大。尤其是在均量线的变化方面，不会维持比较高的均笔成交量。并且在股价进入到最后的拉升阶段时，股价可以利用散户的追涨的作用，自行上涨一段时间，这时候早已经完成建仓的庄家只要坐享其成就可以了。拉升阶段比较小的均笔成交量也正是散户买卖的结果。

1. "U"形反转中缓慢拉升

如图 6-13 所示，深康佳 A（000016）的建仓和拉升过程都很漫长，并且股价从建仓到洗盘、拉升，呈现出壮观的"U"形反转形态。该股在进入拉升的主升段之后，股价上涨的速度也提升到一个新的高度，但是相应的均笔成交量却没有因为股价的快速上涨而增大，反而走出了相反的走势。如

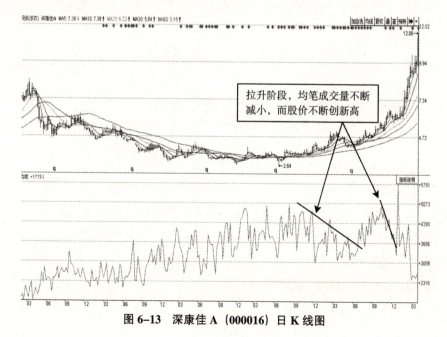

拉升阶段，均笔成交量不断减小，而股价不断创新高

图 6-13　深康佳 A（000016）日 K 线图

图 6-13 中对应的均比成交量由最高的 2309 手左右逐渐下降到了 1367 手以下。

均笔成交量的下降，一方面说明庄家控制了相当多的筹码，只需要少量的资金就可以把股价拉到目标价位。另一方面也说明追涨做多的投资者相当多，可以不断地推高股价。

在均笔成交量创新低，而股价创新高的时候，均笔成交量随着股价的再次冲高也达到两个顶峰，说明庄家借股价再次上涨的机会出货了。出货之后，该股即进入到震荡整理的阶段。

2. 打压中拉升

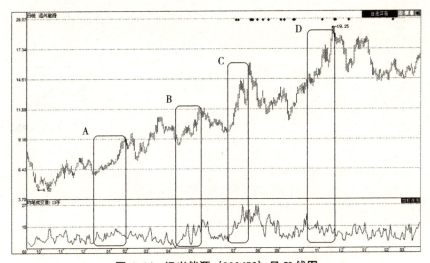

图 6-14 远兴能源（000683）日 K 线图

如图 6-14 所示，远兴能源（000683）的庄家采取了打压中拉升股价的方式，使股价从一个高位上涨到另一个高位，创新高之后又把股价打压下来。该股在长时间的上下震荡中被拉升到了新的高度。起初拉升的时候，均笔成交量还随着股价的上涨而增大，这说明庄家实力有限，只能够在震荡中顺势拉升股价，并且在拉升的时候获取一些利润。图中的 A、B、C 三个位置就是庄家每次拉升的结果，均笔成交量的不断放大说明庄家动用了比较多的资金。股价拉升到位之后均笔成交量仍然维持在高位（图中 C 段拉升之后），这说明庄家出售了手中的部分筹码。

既然庄家在 A、B、C 三个阶段的拉升中赚足了利润，选择在 C 段拉升之后出货也是理所当然的事情。出货后虽然股价仍然经历了一波的上涨

（图 6-14 中 D 位置），但这只是散户的追高行为罢了。原因就是在 D 段的拉升中，均笔成交量并没有维持在高位运行，而是呈现出下降的趋势。说明这时候庄家的大部分资金已经撤出该股，没有庄家来维持股价，见顶回落将不可避免。

3. 有节奏的阶段性拉升

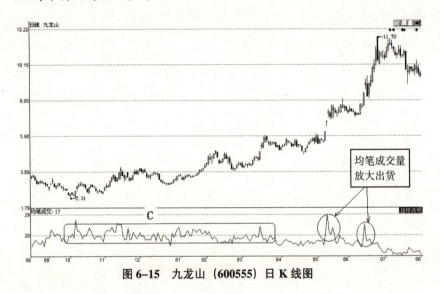

图 6-15　九龙山（600555）日 K 线图

如图 6-15 所示，庄家采取有节奏的阶段性拉升，股价从一个平台运行到另外一个平台，庄家的仓位从不断的拉升当中变大。从图中可以很明显地看出，在拉升的初期（图中 C 段），均笔成交量维持在高位运行，这说明庄家借助拉升股价的机会不断完成建仓。在 C 段过后，庄家虽然也在拉升股价，但是均笔成交量已经明显地下降了。庄家在建仓之后，控制了多数流通筹码的，只需要动用少量的资金即可以拉升股价，图中的缩量就是例证。在最后的拉升当中有两处均量线放大的现象，这是庄家出货的表现。庄家不尽量拉升股价反而利用放大均笔成交量的机会出货，那么股价离见底就不远了。

4. 涨停拉升

如图 6-16 所示，中国软件（600536）的建仓过程时间相当漫长，时间长达五个月。从图中股价温和上涨的趋势当中可以明显地看出庄家建仓的这一个特点。建仓期间均笔成交量始终维持在高位，这就是庄家活动的证明。完成建仓之后，在图中矩形区域再次拉涨停建仓，使庄家的持仓达到了一个

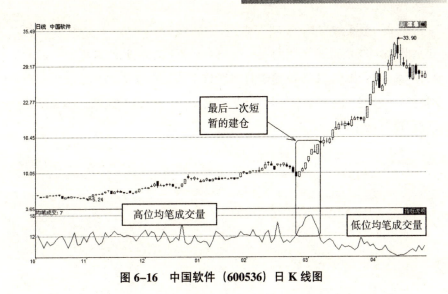

图 6-16　中国软件（600536）日 K 线图

新的高度。既然庄家控盘的程度比较高，那么在最后的拉升中就没有必要动用太多的资金，低位均笔成交量也可以使股价以涨停的方式拉升到位。

涨停拉升的方式是庄家长期建仓、厚积薄发的结果。既然在建仓时已经有了足够的筹码，拉升股价利用一点资金即可，图中的缩量拉升正反映了这一特征。总之，如果说建仓时的均笔成交量证明了庄家的介入，那么拉升时的缩量（均笔成交量萎缩）就说明了庄家的高度控盘。

四、拉升时量价关系的异常

拉升中一般正常的量价关系是股价上涨而成交量随之放大，即价涨量增的关系。特别是在庄家持有的流通盘非常多时，庄家完成建仓之时就是高度控盘之日。被高度控盘的股票在拉升时是不需要多少成交量配合的。只需要少量的资金，股价可能就会以涨停的方式被拉升到目标位。当然，有时候即使是处在庄家高度控盘的状态，不断拉升股价也应该有相应成交量的配合。如果股价上涨幅度过大，成交量缩小到地量的程度，则很可能预示着股价反转即将来临。

1. "U"形反转中拉升

如图 6-17 所示，在芜湖港（600575）被庄家拉升的过程中，成交量和股价同步呈现出了"U"形的走势。股价上涨，成交量也不断放大；得到成交量持续放大的支持，股价才能不断地创新高。待成交量开始萎缩时，股价反转也就开始了。

图 6-17　芜湖港（600575）日 K 线图

2. 打压中拉升

如图 6-18 所示，苏宁云商（002024）的庄家采取了打压拉升的手法，在每一次上涨过程中都采取了拉升后止盈的策略。拉升时股价上涨，成交量配合放大；打压时股价下跌，成交量也随之萎缩。这样在不断的打压拉升中，股价也有了不小的累计涨幅。可以说股价和成交量的同步、同方向波动，是庄家拉升股价的必然选择。如果庄家已经掌握了相当多的筹码，拉升时候不需要太多的资金量就能把股价拉升到位。

3. 有节奏的阶段性拉升

如图 6-19 所示，九龙山（600555）有节奏地阶段性拉升与上文介绍的打压中拉升有异曲同工之处。股价横盘的时候成交量也是萎缩的，上涨的时候需要相应的成交量的配合。所谓"价涨量增、价跌量缩"造就牛股，是有一定道理的。

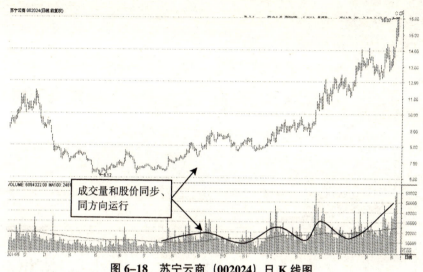

图 6-18　苏宁云商（002024）日 K 线图

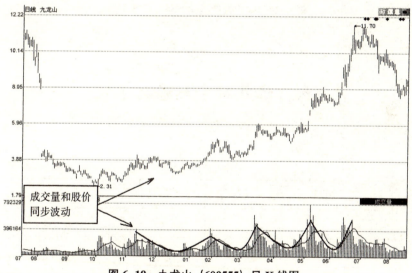

图 6-19　九龙山（600555）日 K 线图

4. 涨停拉升

如图 6-20 所示，在中国软件（600536）的拉升过程中，成交量形成了一个个的小土坡形态，庄家每一次的拉升都使用了大量的资金。在最后阶段，随着控盘程度的提高，成交量只是稍微增大就达到了拉涨停的目的。在股价涨停的 A、B 位置，成交量和股价的配合更是无可挑剔，同步上涨的特点发挥得淋漓尽致。在放量拉涨停之后，股价仍然可以在追涨散户的作用之下持续上涨一段时间。

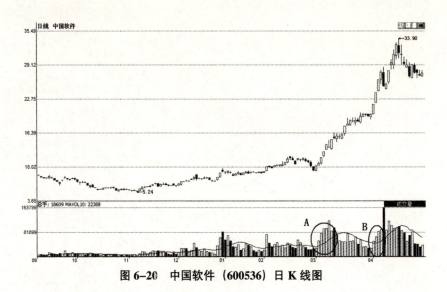

图 6-20　中国软件（600536）日 K 线图

五、拉升时分时图的表现

图 6-21　三普药业（600869）2010 年 7 月 28 日分时图

　　拉升的动作在分时图中的表现与 K 线图中有所不同，庄家经常会利用做开盘价和收盘价的手法实现用少量资金完成拉升。手法上是开盘时高开拉升、阶段性实现拉升、突然放量启动拉升或者尾盘疯狂拉升。

　　如图 6-21 所示，三普药业（600869）在 2010 年 7 月 28 日开盘中，庄家就以 10.01% 的涨幅将股票拉入了涨停板中。庄家手法之坚决，是众多投资者都难以想象的。开盘即把股票拉入涨停板中，使众多的投资者没有机会买入股票，虽然涨停板在开盘时一度被打开，但是其中蕴藏的巨大风险，使众多的投资者都难以下定追涨停的决心。但是不惧风险的投资者还是有的，图中所示该股在涨停板被打开之后出现密集的成交量正是投资者争相买入股票的结果。

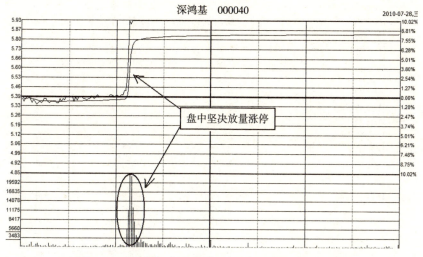

图 6-22　深鸿基（000040）2010 年 7 月 28 日分时图

　　如图 6-22 所示，深鸿基（000040）的庄家于 2010 年 7 月 28 日在开盘 1 小时后，将成交量瞬间放大 20 多倍，庄家利用多次的拉升动作，只用了 6 分钟就把股价拉到了涨停价。如图 6-23 所示，深鸿基的庄家在 6 分钟之内完成了操作。图表中显示庄家拉升股票的间隔价格越来越长，拉升的速度越来越快，最终把股价拉到了涨停板上。

时间	价格	数量	箭头	笔数
10:33	5.39	14	↓	1
10:33	5.39	20	↓	1
10:33	5.40	60	↑	2
10:33	5.39	47	↓	1
10:33	5.40	413	↑	9
10:33	5.41	30	↑	2
10:33	5.40	20	↓	1
10:34	5.41	439	↑	24
10:34	5.41	12	↑	1
10:34	5.41	16	↓	1
10:34	5.40	1	↓	1
10:35	5.44	100	↑	5
10:35	5.44	200	↑	7
10:35	5.44	10	↑	2
10:35	5.43	29	↑	1
10:36	5.43	4	↑	1
10:36	5.43	67	↑	1
10:36	5.43	1	↓	1
10:36	5.43	60	↓	4
10:36	5.43	15	↓	2
10:36	5.43	76	↓	5
10:36	5.43	25	↑	1
10:37	5.42	10	↓	1
10:37	5.43	109	↑	5
10:37	5.43	349	↑	7
10:37	5.43	32	↑	2
10:37	5.43	4	↓	1
10:37	5.45	450	↑	25
10:37	5.44	70	↑	2
10:37	5.50	1719	↑	104
10:37	5.51	108	↑	6
10:37	5.53	589	↑	12
10:37	5.55	1854	↑	57
10:37	5.57	109	↑	11
10:38	5.57	50	↓	1
10:38	5.60	669	↑	35
10:38	5.61	58	↓	2
10:38	5.70	1172	↑	46
10:38	5.70	271	↓	6
10:38	5.73	41	↑	6
10:38	5.74	130	↑	6
10:38	5.80	671	↑	30
10:38	5.82	1109	↑	8
10:38	5.85	45	↑	6
10:38	5.84	229	↑	9
10:38	5.85	72	↑	8
10:38	5.86	582	↑	23
10:38	5.84	351	↓	32
10:38	5.93	3403	↑	113

图 6-23 深鸿基（000040）庄家的拉升过程

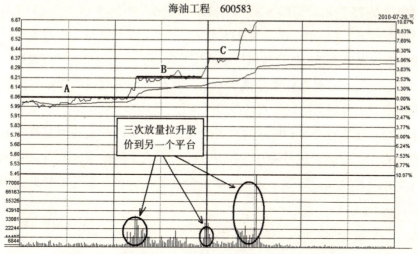

图 6-24 海油工程（600583）2010 年 7 月 28 日分时图

如图 6-24 所示，海油工程（600583）的庄家利用有节奏的阶段性拉升的手法，在开盘的时候经过小幅的横盘整理后，一次一个价位地不断拉升，最终用了两个多小时的时间把股价拉升到了涨停板。图中显示出股票一共有三次明显的横盘，每到一个新的价位时，庄家总要放大成交量使股价一步到位地拉升到目标价。接着盘中的强势整理正是庄家有意为之的，为了拉升股价庄家已经不惜一切资金以维持股价在相应的价位强势横盘，直到再次放量拉升。

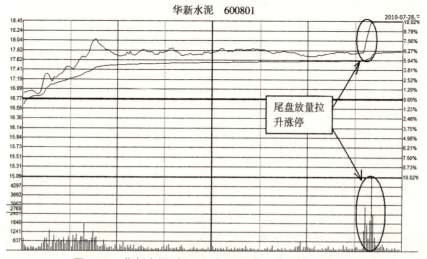

图 6-25 华新水泥（600801）2010 年 7 月 28 日分时图

如图 6-25 所示，华新水泥（600801）的庄家在 2010 年 7 月 28 日开盘的时候，用了不到一个小时就把股价拉升了 6%，随后就是盘中持续的横盘整理状态。强势整理恰好反映出庄家的拉升野心，不想股票在低位被散户抢了回去，只能在拉升之前强势横盘不动。在当日即将收盘的半小时内，庄家利用不到十分钟的时间把股价拉升了 4 个百分点，从而以 10.02% 的涨幅涨停。当日庄家在开盘和收盘时拉升之果断，盘中横盘之有力是投资者有目共睹的。庄家为何选择做开盘和收盘呢？原因之一就是庄家可以利用散户忽视开盘和收盘的时刻，充分发挥资金优势，控制股价的走势以实现操盘的目的。

六、拉升时 K 线图的表现

1."U"形反转中缓慢拉升

均线的均匀放射性分布是这种拉升手法最为显著的特征之一，短期均线在上而长期均线在下，多条均线不断地向上延伸而很少有明显的回调出现。各种指标线（如 MACD、KDJ）不断地在零轴线以上缓慢波动上行，而不会

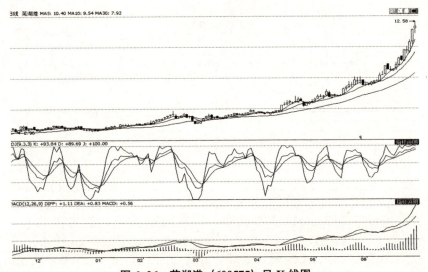

图 6-26 芜湖港（600575）日 K 线图

出现超买状态。即使出现超买状态，也能够经过小幅的下跌将指标重新调整回来，如图 6-26 所示。

2. 打压中拉升

K 线在均线之上来回地上下波动，股价涨到高位时就会出现回调现象，而跌到长期均线附近时又马上出现反弹。只要股价没有跌破长期均线，就可以继续看涨。采用打压中拉升股价的方法时，股价的上涨和下跌经常是频繁交替进行的。股价根据市场的变化而不停地波动。

在指标上表现为出现超买后下调然后继续上涨到超买位置的指标线。只要股价还处于完整的上升通道之中，指标就不会向下调整得太低，一般指标每次下跌到同一个低点位置就获得支撑而出现反弹。如 MACD 指标在股价上下波动的时候，每一次股价上涨的时候都可以创新高，而下跌的时候一般不会创新低。如果 MACD 指标向下跌破前期的低点太多，股价就有转向的风险了。随着股价在被打压中不断地拉升，MACD 的形态表现就像是不断波动的"小沙丘"，"沙丘"总是在同一个水平面上波动，而"沙丘"的体积是不断增大的。

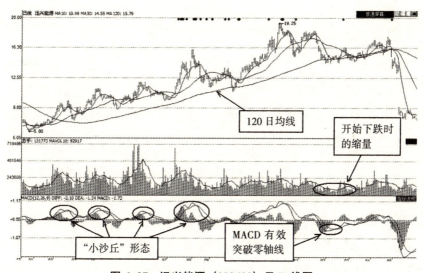

图 6-27 远兴能源（000683）日 K 线图

如图 6-27 所示，远兴能源（000683）在股价波动上涨的时候，K 线在长期均线上方上下不断波动。股价经常由上涨转为下跌而后又转为上涨。期间 10 日均线与 30 日均线不断地形成金叉和死叉。死叉仅仅代表股价短期见顶，金叉表示股价重新获得支撑，图中显示的上涨趋势一直在 120 日均线之上持续，一直到这个趋势被转变为止。

图 6-27 中的成交量显示出，在股价开始真正进入下跌趋势时，成交量已经萎缩了不少。MACD 在股价上涨时不断地在零轴线以上波动，并且形成了一些不断增大的"小沙丘"形态。股价的上涨趋势一直持续到 MACD 指标向下有效突破零轴线时。

3. 有节奏的阶段性拉升

股价上涨时 K 线表现为明显的多头形态，而中途调整时又会出现很多小 K 线聚集的横盘滞涨状态，拉升过程中的阶段性特点非常突出。技术指标 MACD 在股价上涨时表现为明显的多头形态，而在调整时指标也会随之向下移动，直到调整至零轴线附近为止。

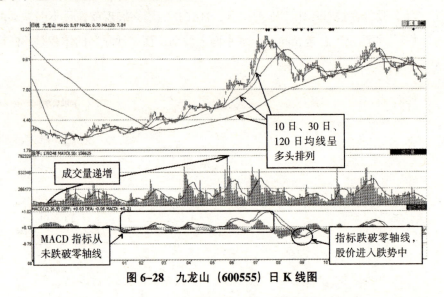

图 6-28　九龙山（600555）日 K 线图

如图 6-28 所示，九龙山（600555）在有节奏的上涨过程中，股价始终如一地站在 30 日均线之上而从未跌破。10 日、30 日、120 日均线呈现出明显的多头排列状态。在成交量上表现为：每一次的上攻当中都有成交量的配合，并且每一次都是放量状态。成交量的放大和股价的上涨形成了非常默契的配合。从 MACD 指标上看：MACD 线在零轴线之上不断地缓慢上升，没有出现过很明显的回调，只是在股价真正反转时才开始跌破零轴线，这时候才开始股价转势。

4. 涨停拉升

连续上涨的大阳线是最为明显的特征，阳线可以是光头光脚的、跳空上涨的，甚至是"一字星"形态。由于上涨速度过快、短时间的涨幅惊人，中途经常会出现"十字星"之类的调整形态，这也是涨停拉升中的一大特色。

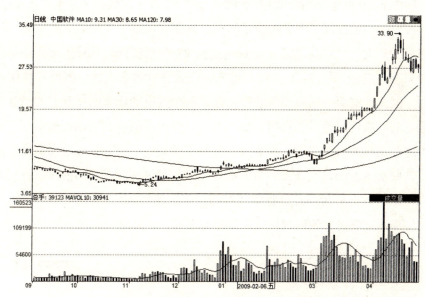

图 6-29　中国软件（600536）日 K 线图

如图 6-29 所示，中国软件（600536）的庄家在采取涨停方式拉升股价时，股价放量涨停之前一般都会有长时间的吸筹动作。因为吸筹是庄家拉升股价的基础，只有充分吸筹之后，庄家才有足够的筹码把股价拉到涨停的位置。图中显示的庄家吸筹时间长达四个月之久。在吸筹期间，K 线呈现出了不断抬高的小阴线和小阳线的走势，均线排列也是明显的多头形态。

在股价涨停之前，很多时候会先向下缩量狂跌一段时间，以便为股价的上涨充分蓄势。然后庄家才会疯狂地放量拉升股价到涨停的位置。图 6-29中所示的中国软件在放量涨停之前，股价明显地向下缩量回调几日，之后在成交量的配合之下开始放量上涨。

七、散户实战跟庄拉升

如图 6-30 所示，西山煤电（000983）的庄家在该股处于底部 7 元/股附近的价位时，就开始了明显的放量建仓。从图中的均笔成交量上看形成了一个明显的放大区域，均笔成交量最高达到 27 手之多，而平时庄家活动不频繁时只有不到 16 手。庄家在放大均笔成交量完成建仓之后，股价开始缓慢上涨。同其他资源类的基金重仓股一样，西山煤电的庄家的拉升方式也是比较稳定的。股价以稳定的涨幅上涨，上涨过程中没明显的回调现象出现。投资者进驻这样的股票之后，需要的是不急不躁地耐心持股，等待庄家完全发挥拉升股价的潜力。在该股的拉升的过程完全呈现在投资者面前时，投资者可以清晰地看出股价拉升过程中仅有两个明显的回调位置，即图中的 A、B位置。那么在股价回调的时候应该如何处理呢，下边分别介绍一下。

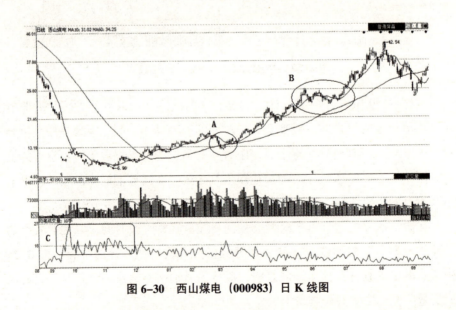

图 6-30　西山煤电（000983）日 K 线图

如图 6-31 所示，图中标注了庄家拉升股价过程中的首个回调位置。股价的回调幅度并不大，但是已经明显地跌破了 10 日均线的支撑，并且出现了黑三兵的形态，这种形态给投资者的压力是不言而喻的。但是股价只是稍微地跌破 60 日均线就开始反弹了，并且是以涨停的方式反弹的。成交量的放大，证明了市场上涨的动力还是有的，下跌只不过是庄家跟投资者玩的一个"小游戏"罢了。

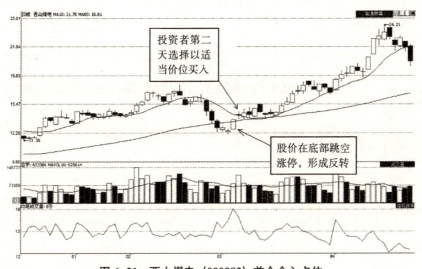

图 6-31 西山煤电（000983）首个介入点位

对于股价短时间的回调，投资者可以在股价突破上方均线以后，就买入股票并且等待庄家继续拉升股价。当然，如果投资者想要再次确认股价是否企稳，可以在股价涨停后的几天内见机会买入股票，这样可以更加安全一些，但是买入的价格可能会稍微高一些。

如图 6-32 所示，在西山煤电（000983）被拉升过程中，出现了第二个比较大的调整阶段。股价上涨乏力之后转为横盘整理的形态，但是横盘整理的时间不长，10 日均线就已经被修复到了 60 日均线附近。既然是上升趋势，投资者就不要强求股价能够大幅度回调以创造买入机会。像西山煤电这样稳定上涨的股票，出现回调的机会已经很不错了，投资者可以在适当的价位介入。如图中所示的 F 位置，投资者可以选择在股价突破上方阻力的时候买入筹码，这时候买入股票是比较合理和安全的。

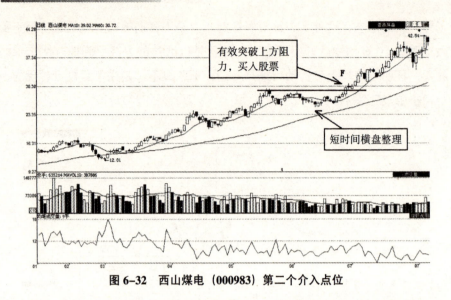

图 6-32　西山煤电（000983）第二个介入点位

　　总之，投资者在庄家拉升股价的时候，一定要先研究透彻庄家运作股价的手法，针对庄家不同的拉升手段"对症下药"，有针对性地采取调仓和补仓的措施。庄家拉升股价的方式多种多样，但是总需要必要的洗盘和拉升的。拉升速度快一些的股票，庄家的洗盘动作可能会大一些，而拉升速度缓慢的股票，如果庄家采取破位洗盘的手法，投资者恰好在股价企稳之时大举建仓。等待庄家拉升的时候，稳赚一大笔收益。

第七章 出货——庄家获利的途径

一、庄家出货的时机

庄家出货时机的选择不仅要依据自己的获利情况而定，并且要考虑市场大趋势是如何变动的，全面掌握多方面的因素后才能够选择好的时机出货。具体的出货时机如下：

1. 股价拉到目标价位时

庄家在持有一只股票之前，会事先对股票做好研究，如股票究竟值多少钱，大概拉升到什么位置都会有所准备。虽然投资者并不能够清楚地知道庄家的意图，但是仍然可以通过成交量和 K 线走势看出庄家出货的意图。如果是坐庄时间比较短的庄家，要求的获利空间不会太大，一般有 20%~30% 的涨幅就可以出货。中长线庄家拉升的目标价位会高一些，甚至拉升的幅度会达到翻几倍的程度。拉升的目标价位比较高的股票，庄家需要用的出货时间也比较长，投资者可以根据庄家的动向选择适当的时机出货。

2. 股价处于高位，出现重大利空时

在股价经过长时间的炒作，多数股价的涨幅都有十分惊人的时候，一旦市场中出现了一些利空的消息，庄家可能会出现集体出货的行为。虽然出货不一定在同一天之内完成，但是密集的出货行为肯定会出现。那时指数也会跟随出货的步伐逐步走低。即使是某一只股票所属的上市公司出现了重大的利空消息，庄家也会选择在消息发布之后制造多头陷阱，立即卖出手中的股票。如果市场处于上升趋势当中，庄家可以趁市场中多头氛围浓重的环境，卖出所有的筹码而不至于引起股价的大幅下跌。

3. 指数涨幅过大，并开始转向时

庄家坐庄某一只股票之后，也不一定要有明确的拉升目标，只要市场还没有走弱就可以继续拉升。投资者在这时候多关注指数的走势是十分有必要的，因为个股会有不同的趋势方向，而指数是反映多数股票运行状况的，一般情况出现的明显转向都不会是假的。庄家在拉升股价的过程中也会不断地关注指数的动向，一旦市场有变化，减仓或者出货就在所难免了。在指数走坏之后，庄家会逐渐地制造陷阱将手中的股票卖出。待指数真正反转之时，庄家出货也基本上完成了。

4. 利好消息已经过去

股票之所以能够上涨，是因为众多的投资者一致看好。为何看好呢？是因为股票给投资者的盈利预期是好的，只有好的预期才能够促使投资者去购买股票，从而使得股价不断地被推高。既然利好消息兑现了，投资者就没有了继续持有的理由。当然，庄家也没有必要继续拉升股价，因为即使再往高处拉升，没有了拉升的借口，投资者也未必会追随庄家一起推高股价。既然是唱独角戏，那么庄家不如就此打住，提前出货为好。

5. 舆论一直看好题材股时

庄家在拉升某一只股票的时候最需要市场的配合了，众多股票一同上涨，个股才有炒作的动力。而且很多的牛股都是在大势向好的时候，被庄家炒作拉升起来的。股价即将见顶的时候，舆论会大肆宣扬众多题材股的炒作理由，然后庄家才会借机出货。事实上也是如此：庄家在出货的时候，题材股都是疯狂上涨，等到题材股失去了上涨的动力，庄家出货的动作也已经完成了，股价下跌就在所难免了。

二、庄家惯用的出货手法

1. 高位滞涨出货

股价在长时间的上涨过程中，已经从熊市中被严重低估的状态逐渐恢复

到一个合理的价位，甚至出现稍微高估的情况。这时候股价很需要停止上涨，重新给予定价。庄家也正是出于这个想法，使股价进入滞涨。股价从滞涨的初期开始，随着时间的推移投资者已经默认了价格的合理性，并不去理会何时会重新回到上涨的趋势当中去。既然投资者在股价滞涨的时候不会制造抛售压力，那么庄家可以利用滞涨的机会，一点一滴地将股票出售出去。

在庄家出货的过程中，股价的波动一般是在滞涨横盘后，重心会不断地向下移动，只是每次下跌的幅度都非常小，短时间内是不容易被发觉到的。或者说，如果股价不能够长期滞涨横盘在一个价位之上，庄家也可以拉升一下，然后把股价打压到另外一个价位比较低的平台之上，随后在这个平台上再次横盘整理。经过长时间的出货之后，庄家所剩的筹码已经非常少了，可以在最后阶段把股价拉升诱多，在股价反弹的高位顺利出清股票。

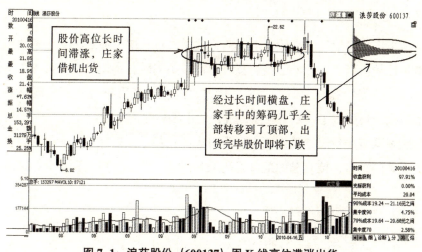

图 7-1　浪莎股份（600137）周 K 线高位滞涨出货

如图 7-1 所示，在浪莎股份（600137）的周 K 线中股价经过一番疯狂上涨之后，出现了一根很长的大阳线。之后股价就开始滞涨，经过了长时间的整理之后，筹码已经呈现出了明显的单峰密集状态。这说明庄家手中的筹码已经转移到了散户手中，股价下跌只是需要一点时间就可以实现。如图 7-2所示，浪莎股份在上证指数破位下跌之后也随之下跌，并且下跌的幅度比指数的跌幅还要大一些，跌幅几乎接近 50%。

图 7-2　同一时期上证指数周 K 线图

2. 诱多出货

诱多出货一般发生在股价上涨乏力之后的再一次上冲之时。庄家利用投资者追涨的心理，在股价涨到高位时制造多头陷阱，诱使投资者再次买入股票。当成交量放得巨大时，就说明庄家已经实现了投资者的"买股愿望"，将股票全部转移到了投资者手中，股价的下跌将在所难免。

庄家诱多出货经常是由两个过程组成的：其一，庄家要在股价的顶部制造多头陷阱诱多，使自己的部分筹码顺利出手。其二，庄家要在疯狂下跌中

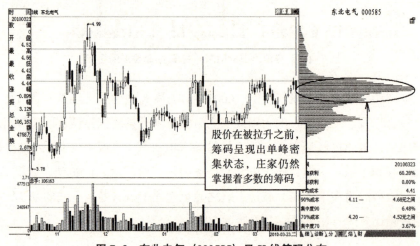

图 7-3　东北电气（000585）日 K 线筹码分布

出手剩余的股票，而且不能够被套牢。制造多头陷阱对于庄家来说并不是什么难事，只要在出货之前做好充足的准备，不论在舆论上还是在股价走势上，都给投资者一个可以不断上涨的美好憧憬，诱多就很容易实现了。

如图 7-3 所示，东北电气（000585）日 K 线图中显示，截至 2010 年 3 月 23 日，该股的筹码呈现出了单峰独大的状态。之后庄家将该股快速向上拉升，一直到股价创出新高 6.16 元/股后开始回落。

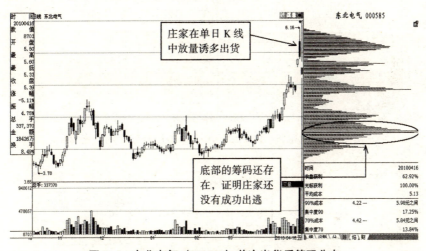

图 7-4　东北电气（000585）首次出货后筹码分布

如图 7-4 所示，庄家在 4 月 15 日和 4 月 16 日两天的时间中连续放大成交量，开始卖出股票。筹码分布图中显示原来底部的筹码并未完全转移到拉升后的价位附近，只是稍微有所减少而已，这证明庄家还没有完成出逃的过程。

如图 7-5 所示，此分时图清楚地显示了庄家在 4 月 15 日出货的全部过程：首先在开盘的时候把股价拉升到 5.3% 的涨幅，然后在开盘追涨投资者的拉升下，庄家顺利完成出货，图中显示的成交量也放出了巨量。完成出货之后股价越走越弱，收盘时仅仅小幅上涨 0.71%。收盘价同当日几乎接近涨停的最高价位相差甚远。

如图 7-6 所示，在庄家完成第一次出货之后，经过小幅拉升庄家开始第二次出货。这次出货同样放出了巨大的成交量。从日 K 线上可以看出，出现了连续的高位十字星，显然此时的股价已经是强弩之末。

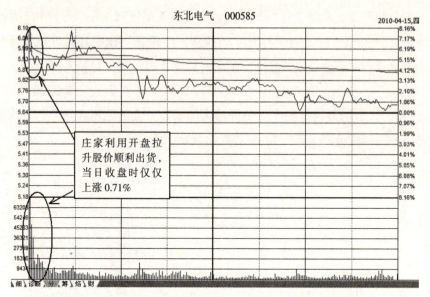

图7-5 东北电气（000585）2010年4月15日分时图出货

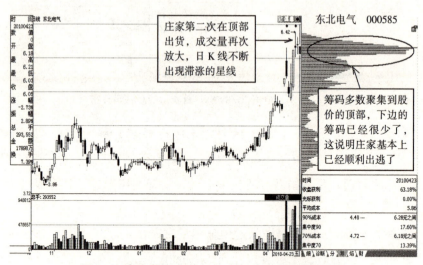

图7-6 东北电气（000585）第二次出货后筹码分布

从图7-6中可以看出，出货之后，筹码分布明显地向着股价高位转移了，并且这时下方的筹码已经很少，而股价高位的筹码却相当多，说明庄家的筹码已经在高位顺利实现换手。股价快速拉升然后又迅速换手之后，上方的抛售压力已经非常大，股价破位下跌在所难免。

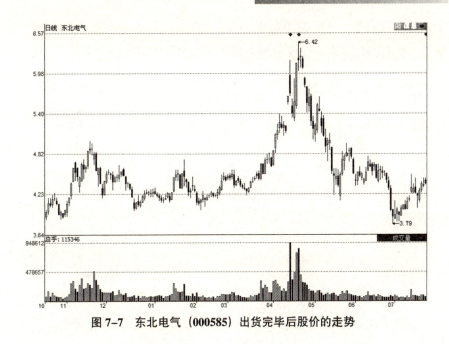

图 7-7　东北电气（000585）出货完毕后股价的走势

如图 7-7 所示，庄家出货完毕后，股价疯狂下跌，下跌幅度已经超过了上涨时候的幅度。筹码从庄家拉升前的高度集中到拉升后的分散，再到最后基本上被转移到了价格的高位之上，此时庄家就算成功出货，股价也会随着市场中抛压的涌现而不断地下跌，直到多空双方的力量再次平衡为止。

3. 高位震荡出货

牛市中股价的上涨幅度是很大的，翻倍的股票也是很多的。庄家如何才能够顺利地卖出手中的股票，并且不引起抛售的压力呢？庄家采取高位震荡的出货手法就是一个比较明智的选择。高位震荡出货时，股价并没有真正破位下跌，而是在一个价格区域内上下波动。庄家会选择在股价波动到高位时出货，在低位时将股价重新拉起来。虽然这样做每次卖出的股票并不多，但是时间一长庄家就可以顺利完成出货。

在很多投资者看来，庄家采取震荡出货的手法时，是其绝佳的做短线机会，高抛低吸能赚取丰厚的利润。但是投资者一定要清楚：庄家使股价震荡的目的并不是想让股价最终上涨到另外一个高度，而是为了不断出货。一旦庄家完成出货，高位震荡的股价就会像脱了缰绳的野马，终究都会回落下来的。庄家采取这种震荡出货的手法，主要是为了避免出货完成前股价大幅度下跌。稳住股价上涨时聚集起来的看多人气，是庄家的本意，有看涨的人气就会有接盘的投资者，庄家最终会顺利完成出货的动作。

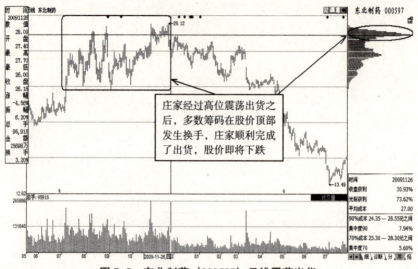

图 7-8　东北制药（000597）日线震荡出货

如图 7-8 所示，东北制药（000597）经过长时间的上涨后，股价达到了 30 元/股附近的价位，并开始高位震荡整理的走势。从 2009 年 7 月到 2009 年 11 月 28 日近五个月的时间周期当中，价格反复在 25 元/股附近上下震荡。从震荡期间的成交量来看，其始终保持在高位运行，直到股价开始下跌时，成交量才进入萎缩的状态。

股价停止震荡走势的时候时间大概是 2009 年 11 月底，当时筹码分布呈现出了高位集中的状态，从顶部到股价震荡平台的底部，筹码分布显现逐渐减小的分布趋势。这样的筹码分布状态是由什么原因引起的呢？其原因就是庄家利用震荡的机会，不断地在震荡拉升的顶部诱导投资者追高，随后庄家在顶部放量出货。筹码由此被转移到了股价不断震荡的顶部区域。

庄家经过换手之后，自己的筹码已经所剩无几。高位聚集的筹码几乎全部属于追涨的散户投资者，投资者在股价不能够继续上涨后逐渐认识到了追涨的错误性，开始大量卖出手中的股票，股价由此逐渐下跌。之所以下跌过程中成交量没有被有效放大，是因为进行交易的投资者当中已经没有了庄家的身影。而散户的资金量小，并且不易形成集体性的抛售，所以股价下跌途中成交量呈现出萎缩的状态。股价在抛售压力的作用下迅速开始下跌。

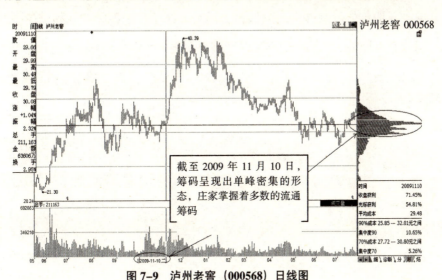

截至 2009 年 11 月 10 日，筹码呈现出单峰密集的形态，庄家掌握着多数的流通筹码

时间	20091110
收盘获利	71.45%
光标获利	54.81%
平均成本	29.48
90%成本 25.85 ~ 32.01元之间	
集中度90	10.65%
70%成本 27.72 ~ 30.80元之间	
集中度70	5.26%

图 7-9　泸州老窖（000568）日线图

如图 7-9 所示，泸州老窖（000568）在庄家拉升之前，筹码呈现出了单峰密集分布的状态。

4.制造欺骗性的 K 线形态出货

庄家在出货之前不一定要使用非常明显的震荡手法，制造具有欺骗性的 K 线形态也可以掩护庄家顺利出货。这些 K 线形态中一般是具有整理效果的形态，在形态形成之前投资者并不能够清楚地知道股价的运行方向，需要随着时间的推移才能进一步确认。投资者在确认 K 线形态的过程中，庄家通过人为地制造 K 线形态而顺利地将股票卖了出去。等待股价真正出现反转下跌的信号时，庄家已经顺利完成出货。

庄家经常制造的 K 线形态主要有：矩形整理形态、三角形整理形态、喇叭形态和楔形形态等。对于使用技术分析手段来买卖股票的投资者来说，更容易受到整理形态的影响而麻痹大意。股价虽然在整理之中，可是一旦结束整理转为破位下跌，股价的跌幅将是不可预测的。

如图 7-10 所示，皖维高新（600063）的庄家在顶部出货时制造了一个三角形的反转形态。反转形态在真正形成之前，投资者并没有充分的理由来证明股价即将进入跌势当中，只能够从心态上认识到顶部股价的高风险性质。如果形态发生变化，应该立即做出相应的调整才能够避免损失。如图中所示，庄家在利用三角形形态出货之后，股价开始有效突破三角形形态。但是突破后股价的下跌并未立刻加速，而是连续整理了四天才开始破位下跌。投资者大可以利用这四天的整理时间择机卖出股票。

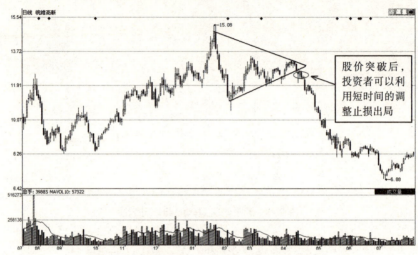

图7-10 皖维高新（600063）顶部三角形反转

如图7-11所示，勤上光电（002638）在上涨过程中股价不断地上下大幅度震动，投资者只能从趋势线中看出庄家的拉升动作。只要股价仍然位于趋势线之上，投资者就不必惊慌失措，股价继续上涨的潜力还是有的。一旦

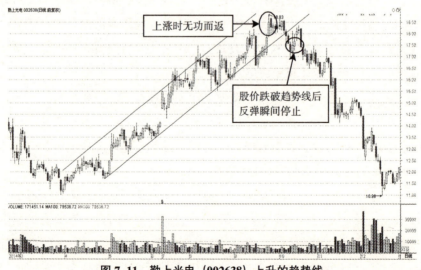

图7-11 勤上光电（002638）上升的趋势线

趋势线被跌穿，马上离场是投资者明智的选择。图中股价最后一次从下方趋势线反转时，股价尚未到达上方的趋势线就开始下跌，这时候投资者就应该提高警惕。有时候下跌并不需要太多的理由，尤其是在股价大幅波动中完成拉升出货的庄家，投资者在很多的时候根本不知道庄家何时已经完成了出货的动作。因此，"滞涨"本身就是下跌的前兆，暗中完成出货的庄家，可能已经抛弃该股而任其发展。在图中趋势线被跌破后，短暂的反弹应该是投资者出局的好机会。

如图7-12所示，广州控股（600098）在2009年11月底上涨到了8元/股附近价位后见顶回落，但是股价经过反复震荡并没有有效地跌破支撑线，反而形成了顶部的矩形整理形态，矩形整理形态持续时间长达六个月。整理期间成交量始终维持在高位运行，但是有逐渐减小的趋势。这说明股价未跌而成交量率先下跌，股价见顶也为期不远了。

图7-12 广州控股（600098）顶部矩形形态

矩形整理期间成交量维持在比较高的位置，而股价上下波动却不创新高，这说明庄家在借机大量出货。所谓"盘久必跌"说的就是庄家利用长期整理滞涨的机会，不断地借机完成出货，这种情况下投资者要小心谨慎。图7-12中股价跌破矩形下方时，恐怕还有很多的投资者幻想着股价重新反弹，图中显示的缩量正说明了投资者的惜售，等待股价继续上涨而被套牢。

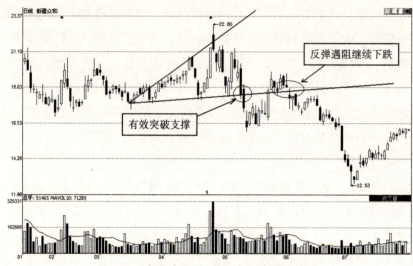

图 7-13　新疆众和（600888）顶部喇叭形态

　　如图 7-13 所示，这是庄家利用顶部 K 线反转形态出货的又一个成功案例，只是这一次的方法是放大的喇叭口形态。喇叭口在形成之初，股价的波动很小，随着时间的推移，股价的波动开始不断放大。喇叭形的下方支撑线略微向上抬高，上方的阻力线不断被抬升，这样的上升趋势一直持续到股价跌破下方的支撑线为止。在这个例子中，喇叭口被跌破之后，股价有一次持续时间比较长的反弹发生。这么长的时间足够投资者进行出货，只要投资者不过分恋战、过度贪婪，避免损失还是可以做到的。反弹无果后，股价由 18元/股附近下跌到 13 元/股附近的位置，下跌幅度高达 30%，风险之大，可见一斑。

三、出货时均笔成交量的变化

　　出货是庄家操纵股票的最后一个阶段，也是兑现收益的唯一途径。庄家通过放大成交量和换手率等实现筹码的转移，使得坐庄的利润落袋为安。庄家采取的出货手法不同在均量线上的表现也是不一样的。通常而言，庄家喜欢运用短时间放量的方法完成出货的动作。在庄家出货的时候，不论是总成交量还是均笔成交量，都会因为庄家的出货而放大很多。如果庄家不是采取短时间出货手法，长时间出货在均笔成交量上的表现就不是很明显了，只能看出均笔成交量维持在高位而已。随着庄家出货的完成，均笔成交量也会不断地变小，直到看不到庄家的身影为止。

1. 高位滞涨出货

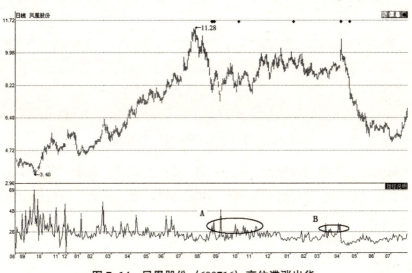

图7-14 凤凰股份（600716）高位滞涨出货

如图7-14所示，凤凰股份（600716）的价格在11.28元/股见顶，之后股价下跌到8元/股左右的价格平台，此处（A位置）均笔成交量开始密集放大，而庄家在股价真正反转之前就已经出货。最后在B位置庄家又一次放大了均笔成交量，最后一次放量出货已经完成，随后股价一路狂跌下来。股价下跌中的微小均笔成交量多数是由散户"割肉"造成的，庄家早已经逃之夭夭，不会在均笔成交量上留下把柄。

2. 诱多出货

如图7-15所示，东北电气（000585）在股价见顶之前经过了轰轰烈烈的上升行情。在上升途中的2010年4月14日，该股高开8.2%，开盘后瞬间收在了涨停板附近。当日均笔平均成交量被放得巨大，庄家利用这次拉涨停的机会，顺势完成了出货的动作。之后股价开始再次冲高，然后快速回落，不久即出现了股价的顶部最高价6.42元/股。在这次经典的诱多出货中，

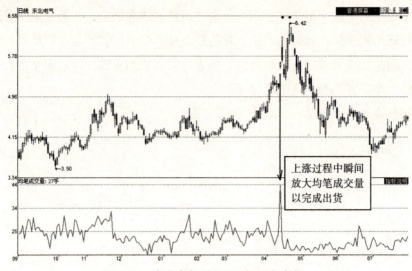

图 7-15　东北电气（000585）诱多出货

庄家瞬间放大了均笔成交量，提前完成了出货的动作。而散户还被庄家蒙在鼓里，并且再一次地将股价追高到 6.42 元/股附近。至此，股价的上涨行情才告一段落。

3. 高位震荡出货

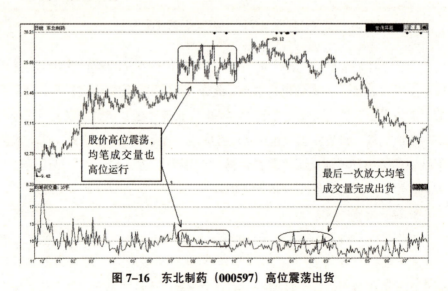

图 7-16　东北制药（000597）高位震荡出货

如图 7-16 所示，东北制药（000597）这只股票在进入到 25 元/股附近的震荡区间后，开始大幅度波动。庄家利用这次绝佳的震荡区域，完成了多数筹码的出货。在股价震荡时，图中均笔成交量虽然没有放得特别大，但是始终处于稳定的高位之中。庄家就是使用细水长流的办法，在始终如一控制股价震荡的基础上卖出手中的筹码。最后，庄家在股价下跌前，又断断续续地放大均笔成交量完成出货，这一次的出货后股价快速跌落。

4. 制造欺骗性的 K 线形态出货

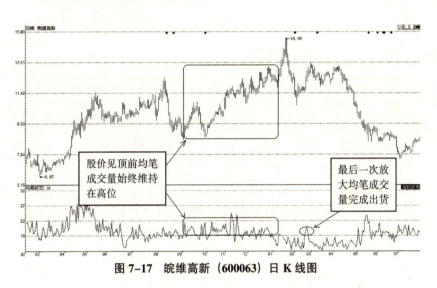

图 7-17　皖维高新（600063）日 K 线图

如图 7-17 所示，皖维高新（600063）在上涨中呈现出拉锯走势，在震荡之中均笔成交量呈现出锯齿形的放大形态。然后在股价拉出最后一个上涨的顶部后，股价破位下跌到 11 元/股附近。11 元/股的价位虽然不是底部，但是却出现了近似底部的绝地反转走势。图中显示的均笔成交量再一次突然放大，然后又跌入了更低的水平，这时候的出货才算完成。此后股价不停地破位下跌，最终到 7 元/股附近时才有了一点转机。

如图 7-18 所示，广州控股（600098）在顶部的矩形走势中，其均笔成交量的变化显得非常不规律。但是总体来说股价处于波动之中，均笔成交量在间断性地放大，而最低的均笔成交量却在缩小。最后在庄家出货后，出现了"成交量洼地"现象。至此庄家的身影已经从该股消失，股价进入了下跌的趋势当中。

如图 7-19 所示，新疆众和（600888）在夸大的三角形波动中，均笔成交量随着股价的上涨而被无规律地放大了许多次。庄家利用这次股价波动的机会，卖出了手中的股票。股价进入下跌通道之后，均笔成交量也随之跌入了底部。图中显示的股价下跌过程，也正是均笔成交量位于底部的时候。

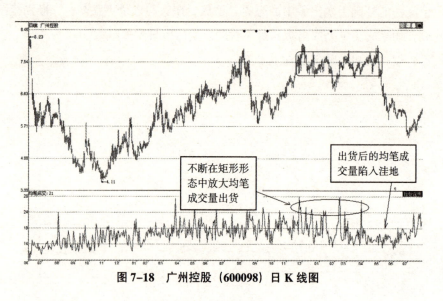

图 7-18　广州控股（600098）日 K 线图

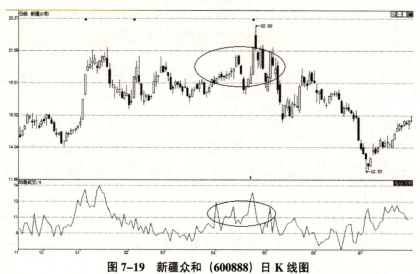

图 7-19　新疆众和（600888）日 K 线图

四、出货时量价关系的异常

庄家出货时就像建仓时一样，进出市场的资金相当频繁，这时候也必然伴随着成交量的放大。但是与建仓不同的是，出货的目的是卖出股票。既然要卖出股票，选择好卖出时机就是最重要的，而使用什么样的方式卖出股票就不那么重要了。出货方式众多，但是总的来说在出货的时候成交量不会是始终放大的。成交量呈现出整体缩量而局部放量的状态，这才是庄家出货的真正表现。成交量从一个级别下降到另外一个级别时，股价也会不断地创新低，一直到成交量再无法萎缩为止。

1. 高位滞涨出货

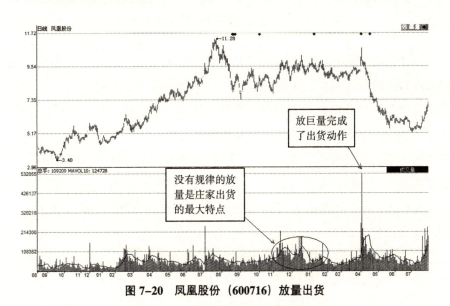

图 7-20 凤凰股份（600716）放量出货

如图 7-20 所示，凤凰股份（600716）在高位滞涨的时候，成交量却放出了不规则的巨量形态。庄家在股价小幅波动的时候，已经完成了出货，这是投资者难以想象的。如果这时候密集放大的成交量未能引起投资者注意，那么在随后的天量出货中，投资者也是应该卖出股票的。庄家都已经清空了筹码，而如果投资者再继续持有股票，到最后只能以损失惨重收场。

2. 诱多出货

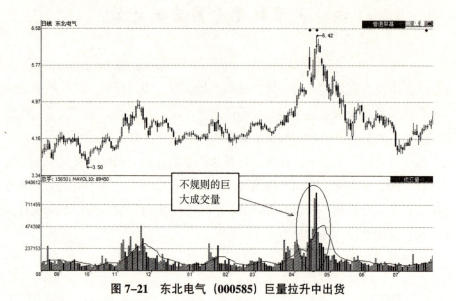

图7-21 东北电气（000585）巨量拉升中出货

如图7-21所示，东北电气（000585）的庄家是在拉升中诱多出货的。股价在被拉升的过程中，价格和成交量同时创新高。股价在高位放出巨量大幅度地波动，显然没有庄家的参与是做不到的。考虑到巨大的成交量，投资者应该率先卖出股票以防在跌势中被套牢。在这个例子中，东北电气的股价在快速上涨之后又急速完成了下跌。从庄家高位换手出货和下跌缩量中可以看出，被套牢的投资者大有人在。投资者在股价上涨时不断地追涨，造成成交量的放大；而在下跌时不忍心"割肉"，造成了成交量的不断萎缩。

3. 高位震荡出货

如图7-22所示，皖维高新（600063）的股价在不断的波动中缓慢创新高，成交量密集放大。虽然没有非常大的成交量，但是之前的均量线已经很好地说明了庄家的出货动作。出货完毕之后，成交量出现了"地量"的特征，这说明庄家的出货是很成功的。在庄家出货之前成交量即使非常小，也不会降低到地量的程度。庄家显然是出清了大部分的筹码，才有地量的出现。之后该股小幅反弹无果而终，成交量和股价同时进入了下跌通道。

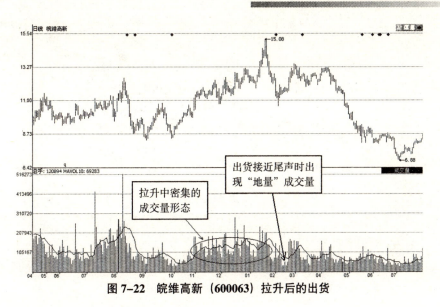

图 7-22 皖维高新（600063）拉升后的出货

4. 制造欺骗性的 K 线形态出货

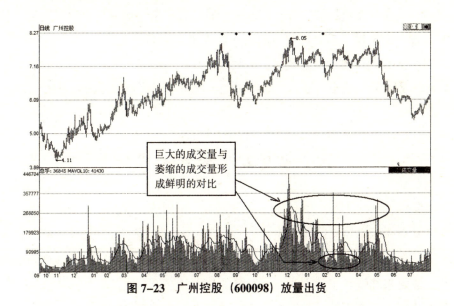

图 7-23 广州控股（600098）放量出货

　　如图 7-23 所示，在广州控股（600098）的顶部放量出货中，最明显的特征就是巨量和地量形成鲜明的对比。虽然之前也曾出现过巨量现象，但是这一次的巨量和地量对比鲜明。巨量后股价在矩形中弱势波动，成交量随之萎缩。庄家最终完成出货，股价就此经历狂跌的走势。

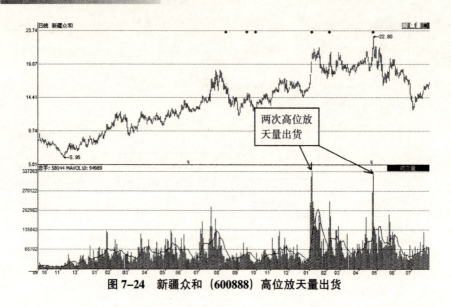

图 7-24　新疆众和（600888）高位放天量出货

如图 7-24 所示，新疆众和（600888）在见顶过程中，股价高位滞涨很明显。成交量在股价被拉升到高位平台时出现了第一次放量，而在股价下跌的过程中又出现了第二次放量。两次放天量加上高位整理时的密集成交量，表明庄家的出货已经接近尾声。该股在第二次放出天量之后，下跌的趋势不断加速。如果不是喇叭形态占用了时间，股价很可能早已经跌入谷底。

五、出货时分时图的表现

从分时图中得出的庄家出货方式，可以大体上分为以下几种情况：高开出货、低开反弹中出货、大幅震荡出货、盘中破位下跌出货以及整日阴跌出货。不管采取哪种出货方式，成交量的放大是必不可少的，并且即使股价没有在当日大幅度下挫，随后也会进入跌势中。在众多的拉升出货方式中，庄家无非就是要把手中的股票卖个好价钱，而股票出手之后的下跌就成为必然。庄家采取阴跌出货的手法时，更能够说明庄家的出货意图是非常明确的。缓慢的阴跌使股价不会在短时间内破位下跌，以达到麻痹投资者的意图，庄家就可以在神不知鬼不觉中完成出货。而采取盘中破位下跌的庄家，不仅说明其出货的意图明确，手法上也更加具有杀伤力。在短时间的大幅下跌之后，如果股价并没有在底部反弹，投资者瞬间的损失是非常大的。

1. 高开出货

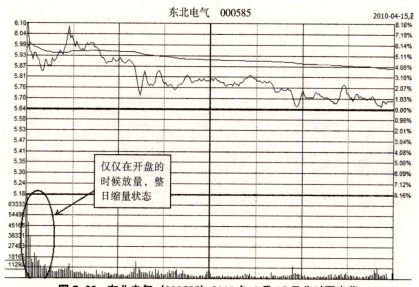

图 7-25 东北电气（000585）2010 年 4 月 15 日分时图出货

如图 7-25 所示，东北电气（000585）在 2010 年 4 月 15 日高开 6%，但是股价只是一阵上冲就开始大幅度回落。开盘时的成交量也从巨量开始逐渐下跌到缩量状态。庄家正是利用开盘拉升的机会，高价卖出了股票。完成出货后，股价随之大幅度受挫。当天的股价和成交量都是从高位不断地下移，最终收盘时该股仅仅小幅度上涨 0.71%，同当日接近 10% 的震动幅度相差甚远。

2. 低开反弹出货

如图 7-26 所示，广钢股份（600894）在 2010 年 5 月 6 日的小幅低开后开始放量上攻，仅仅用了 15 分钟就上涨了 4% 之多。放量上涨过后，又很快放量下跌。股价走出了一个上下大回转的行情，庄家在途中连续出货。这种出货手法虽然具有欺骗性，但是如果投资者细心分析日 K 线中的股价走势，则再怎样冲高也不会诱使投资者追高。股价本身就处于下跌的趋势当中，不管怎样的反弹都不容易形成真正的反转行情。

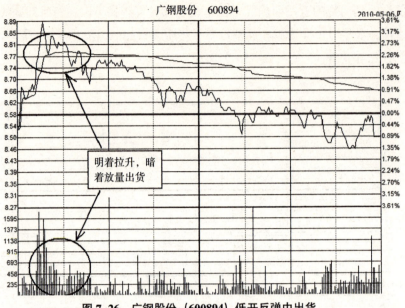

图7-26 广钢股份（600894）低开反弹中出货

3. 大幅震荡出货

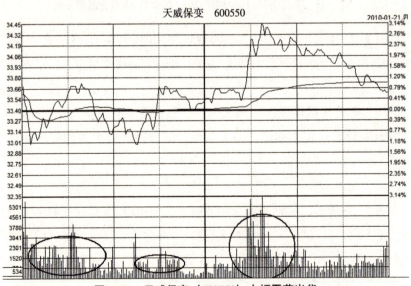

图7-27 天威保变（600550）大幅震荡出货

如图7-27所示，天威保变（600550）的庄家将拉升出货的方式应用得淋漓尽致，当日股价上下震荡，不断地在上涨和下跌之中变动。从分时图中的放量滞涨可以看出，庄家的意图是很明确的：放量出货。由成交量来不断地拉升股价，但是涨幅不大就要回落。经过不断的拉升和出货，庄家可以在股价滞涨中卖出一个好的价位。

4. 盘中破位下跌出货

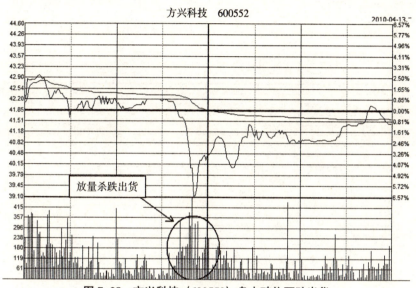

图 7-28 方兴科技（600552）盘中破位下跌出货

如图 7-28 所示，方兴科技（600552）在 2010 年 4 月 13 日本是高开的，但是只是小幅微涨就开始了下跌走势。上午盘临近收盘时该股大幅度连续下跌达 7% 以上，成交量在股价下跌中相应地放大。这种出货手法之所以具有杀伤力，是因为留给投资者卖出股票的时间是非常少的，所以投资者当然会面临很大的损失。在此例子中，方兴科技的股价在探底之后，随之大幅度反弹。但是这并不能够说明庄家没有完成出货的动作。缩量反弹只不过是众多投资者见底补仓的结果罢了。庄家之所以采取盘中破位下跌的出货方式，其原因之一就是前期股价的上涨幅度巨大，庄家的收益相当可观，并不在乎短时间的微润，因此才会选择这种出货手法。

5. 整日阴跌出货

如图 7-29 所示，山煤国际（600546）的股价在 2010 年 1 月 11 日高开低走，成交量维持在放量状态，而股价在放量中不断下跌。采取这种整日阴跌的出货手法时，股价的下跌过程就像是在"温水里煮青蛙"，投资者总是以为股价会反弹，或者跌幅不深可以继续持股。事实上，如果投资者一直持有，则会有相当大的损失。

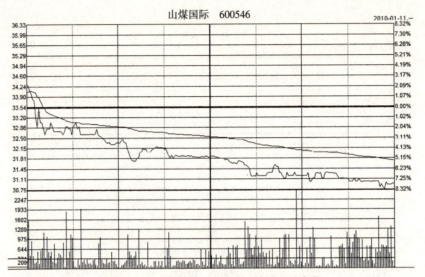

图7-29　山煤国际（600546）整日阴跌出货

六、出货时 K 线图的表现

庄家出货的时候，引诱投资者看多的伎俩可以在 K 线中形象地表现出来，包括在 K 线中高位放量大阴线、高位十字星、高位棒槌线、上影线较长的阳线等。总的来说庄家出货时，必须要有阴线或者长上影线的 K 线形态出现，这样才是庄家出货的真正表现。不论是出现阴线还是出现较长的上影线，股价都要经历下跌过程的，股价下跌正是庄家出货时的真正表现。针对不同庄家的出货手法，其 K 线形态都有相似之处。

1. 高位滞涨出货

如图7-30所示，庄家在凤凰股份（600716）下跌之前，提前放出巨量出货。当日是2010年4月6日，换手率高达18.13%，同时成交量放大到

532055 手，而散户是不会有如此大的成交量来出售筹码的。由图中成交量的
柱状图也可以看出，相比 4 月 6 日以前的成交量，放大了至少五倍以上。一
般庄家大量出货的时候，放巨量、天量是很正常的事情，如果没有如此大的
成交量，庄家出货就是空谈了。庄家之所以要选择在拉升后放量出货，其原
因还有市场承受能力的问题。庄家短时间内抛售大量的筹码，如果没有通过
拉升股价来引起投资者的注意，那么抛售的大量股票只能让股价疯狂下跌。
可以想象的是，如果股票在庄家大量抛盘的影响下出现跌停，庄家是卖不出
去股票的。卖不出去股票就意味着庄家被套牢，这肯定不是庄家想要看到
的结局。

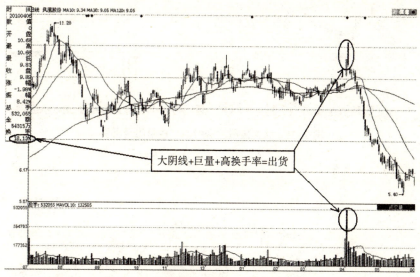

大阴线+巨量+高换手率=出货

图 7-30 凤凰股份（600716）大阴线出货

2. 诱多出货

如图 7-31 所示，在大连控股（600747）疯狂上涨的过程中，股价不断
创出新高，成交量却并没有出现明显的放大迹象。这样，只要成交量没有明
显放大，K 线形态上没有出现明显的大阴线等出货形态，股价也未出现滞涨
现象，就可以得出结论：庄家还未完成出货。直到 2009 年 7 月 17 日，在股
价被疯狂拉入涨停板的第二天，日 K 线形态上出现了一根向下跳空的大阴
线。出现跳空大阴线的当日，成交量放大到 167 万手，几乎比下跌前几日放
大了五倍。巨量之中庄家当日即完成了换手，当日的换手率更是高达

23.02%。巨量之中放大换手率就是庄家出货的明显特征。在本例子中，庄家利用拉升涨停的机会，吸引了众多投资者买入股票，之后股价连续两日低开低走，放量形成了两根大阴线，庄家顺利地完成了出货。

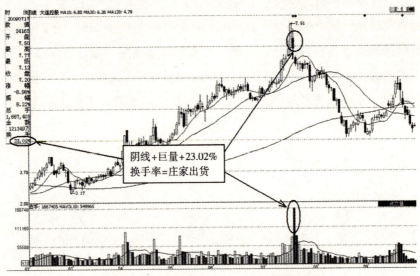

阴线＋巨量＋23.02%
换手率＝庄家出货

图 7-31　大连控股（600747）放量阴线出货

3. 高位震荡出货

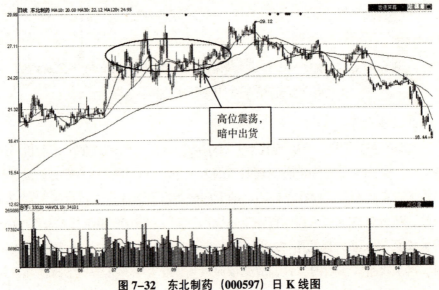

高位震荡，
暗中出货

图 7-32　东北制药（000597）日 K 线图

如图 7-32 所示，东北制药（000597）在被庄家拉升到 26 元/股之后，股价开始了大幅震荡的走势。震荡之时，成交量维持在放量状态，股价却严重滞涨，庄家显然是在暗中完成了出货。震荡的走势完成之后，股价经过短时间的放量再一次创出新高。但是好景不长，股价开始缩量下跌。缩小的成交量同股价上升阶段稳定的放量形成了鲜明的对比，这说明庄家早已经在前期股价震荡之时把筹码卖的差不多了，在以后的缩量下跌中，根本就没有庄家的身影。

庄家利用震荡的机会出货时，上涨的时候日 K 线上是众多的小阳线形态，而股价下跌的时候却是一两根大阴线就跌到了震荡的底部区域。从这里就可以看出，庄家有心出货无心拉升股价，股票在今后将很难维持当时的价位。

4. 制造欺骗性的 K 线形态出货

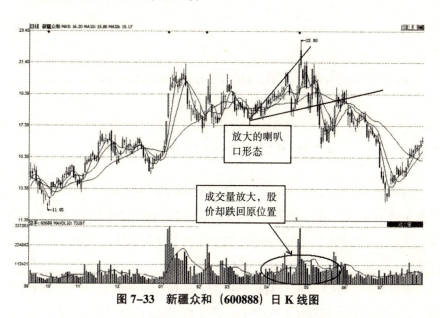

图 7-33　新疆众和（600888）日 K 线图

如图 7-33 所示，新疆众和（600888）的顶部放大喇叭口形态中，成交量不规则地放大，而股价的波动呈现出放大的喇叭口形态。喇叭口形态本身已经说明多空双方争夺激烈，今后价格的真正运行方向还要看双方的力量如何。从图中可以看出，股价最终跌破了喇叭口的 K 线形态，股价反转下跌的形态就此出现。投资者可以发现，庄家制造喇叭口形态，其目的是为自己出货创造出比较高的卖股价位，庄家可以利用喇叭口形态迷惑投资者，为出货创造看多的氛围，这样庄家就有机会把股票转移出去。

七、散户实战跟庄出货

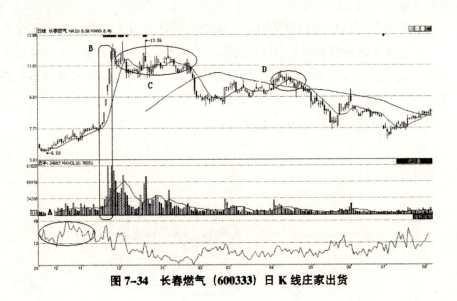

图 7-34　长春燃气（600333）日 K 线庄家出货

　　如图 7-34 所示，长春燃气（600333）在以涨停的方式拉升前，均笔成交量始终处于高位运行状态。很显然，庄家在股价处于低位时开始不断吸筹，庄家吸筹的同时，股价被缓慢地抬高到了新的高度，如果投资者要想再次建仓，就会发现股价已经在前期高点的位置了。

　　完成建仓后不久，股价被以涨停的方式快速拉升到了 14 元/股附近的价位。五个涨停板的涨幅被打开之后，庄家真正的出货动作就开始了。图中 C 位置就是庄家出货的主要阶段，而图中的 D 位置则是投资者再次卖出股票的位置。

　　如图 7-35 所示，长春燃气（600333）在连续五个涨停板之后，股价的上涨幅度已经很大了。涨停板被打开后，股价缩量下跌并开始横盘整理。图中股价高位横盘时，成交量总体上是不断萎缩的，但是在萎缩的过程中，成交量也有断断续续的放大情况出现。这种不连续的放量现象主要是庄家出货所为，而不是拉升中的放量。既然投资者已经同庄家一路持有股票，并且获利丰厚，那么在庄家出货时，投资者也应该果断了结头寸。图中显示，股价在横盘弱势整理的过程中，重心不断向下移动，最终在 10 日均线与 60 日均线交汇前开始破位下跌了。

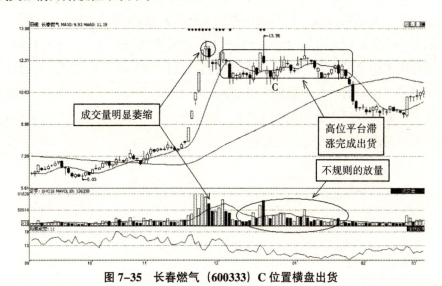

图 7-35　长春燃气（600333）C 位置横盘出货

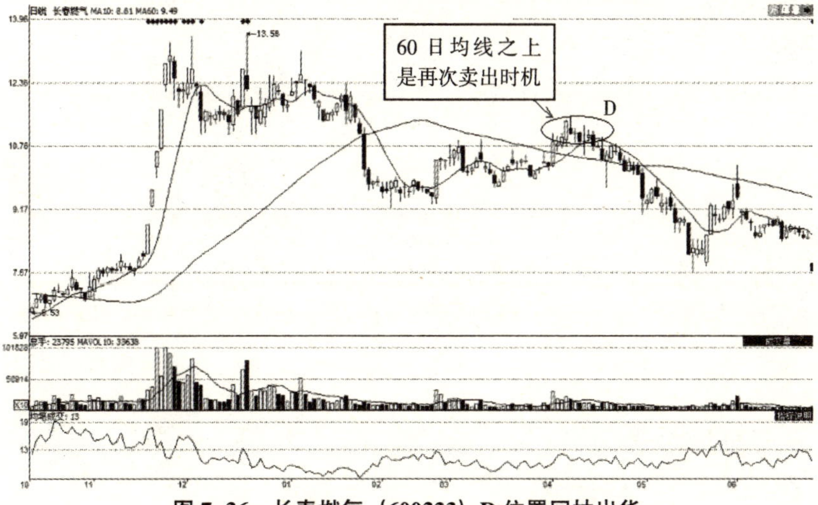

图 7-36　长春燃气（600333）D 位置回抽出货

　　如图 7-36 所示，长春燃气（600333）高位横盘之后，股价开始破位下跌，又在 60 日均线的下方经过整理之后重现企稳上涨。如果在横盘区域 C 位置（见图 7-35）没有来得及卖出股票，股价下跌之后回抽到 60 日均线附近是投资者卖出股票的最佳时机。在股价上涨的时候，60 日均线可以发挥支撑作用支持股价不断地创出新高，但是在股价高位跌破均线之后，60 日均线就变成了上涨的阻力线。下跌当中股价每一次回抽到 60 日均线时，都是出货的最佳机会，而长时间地等待出货机会，投资者的损失将会进一步加剧。

　　在庄家出货的阶段，投资者不管盈利状况如何，都要跟庄家一同出货。原因是庄家出货的时候会抛售大量筹码，造成股价大幅度下挫。散户在股价下挫时不断看淡后市，如果今后没有庄家介入，几乎可以肯定的是股价会陷入长期的阴跌当中而没有任何起色。

第八章　跟庄策略

一、均量线里藏庄家

均量线就是反映平均每一笔成交量的技术指标，均笔成交量越大，代表每一笔的成交量越大，反之就越小。均笔成交量之所以能够作为评判庄家是否存在的依据，很重要的原因就是庄家和散户的资金实力相差悬殊，并且庄家大量资金进出股市时，不可能被分割成零散的几手进行交易。

事实上庄家买卖股票每一笔的手数都是非常大的，只有放大每一笔的成交量，庄家操纵股票的过程才会得心应手，操盘的效率才会很高。特别是在庄家建仓和出货阶段，放大每一笔的成交量是庄家参与股票买卖的必然选择。建仓的时候，庄家会想尽办法在股价底部抢夺尽可能廉价的筹码。高效率会使庄家的建仓过程相对短暂，这样更有利于庄家完成建仓过程。同样的，在出货阶段，庄家的出货速度是非常重要的。每一分每一秒的等待都可能造成庄家致命的损失，尽快出手获利的筹码，落袋为安才是庄家的必然选择。当然，除了建仓和出货之外，庄家在完成洗盘、拉升等动作时，均笔的成交量也会相应地位于高位，只是相比建仓和出货时就小得多了。

总之，庄家必须要放大成交量来应对股市中的各种操作过程，完成坐庄的动作。这样我们可以通过以下三个方面的分析，来察觉股市中庄家的身影。

1. 建仓时均笔成交量变化

建仓是庄家大量吃货的阶段，成交量放大是必然现象。特别是均笔成交量放大的程度更是非常显著的，一般的庄家建仓时，均笔成交量可以达到

800~3000 手的程度。当然针对流通盘小的股票，均笔成交量少一些是正常的，只不过相比流通盘比较大的股票庄家，它就少得多了。一般而言，对于深证中小板的股票来讲，庄家即使大力建仓，其均笔成交量一般也只能达到700~800 手的程度。原因很简单，中小板的上市流通市值只有一个亿，即使是上市时间较长的股票，通过发行新股等增加了流通股票数量，一般也只有几亿元的流通市值。

当然在查看均笔成交量变化时，还要考虑以前股价处于阴跌时均笔成交量的大小，以此判断成交量究竟有没有增加，如果增加了，则增加的量是多大，这样才能够更好地看出庄家的真正行踪。在庄家大力建仓的时候，均笔成交量一般都会高出许多，瞬间的放大量是很能够说明问题的。如采取拉涨停的手法建仓时，均笔成交量会突然爆发般地增大。

如图 8-1 所示，大恒科技（600288）日 K 线图是一个巨大的"U"形反转形态。在金融危机时，该股和市场中所有的股票一样，持续了一年的连续下跌行情。在指数企稳反弹过程中，庄家也大举进驻了该股。图中所示的股价处于 10 元/股左右的区域时，均笔成交量呈现出了持续放大的状况。放量前的均笔成交量只有 10 手左右，在图中所示的矩形区域内，均笔成交量已

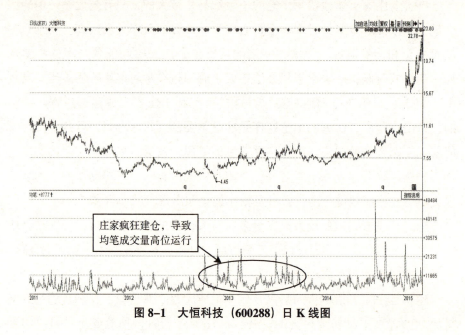

图 8-1　大恒科技（600288）日 K 线图

经高达 15 手左右，因此可以明显地看出庄家开始建仓了。既然庄家大举进入该股，投资者也就没有继续等待的理由了，与庄共舞就是投资者日后取得收益的最有效方法。

如图 8-2 所示，包钢稀土（600111）也算是 2008 年底到 2010 年股市强劲反弹中的超级大牛股了。截至 2010 年 8 月 3 日收盘时该股以 43.30 元/股的价格报收，相比 2008 年 11 月 4 日的收盘价格 5.76 元/股大幅上涨了660%，也算是沪深两市反弹中的大牛股。在这只大牛股启动的时候，均笔成交量早已经有了非常显著的变化。图中显示的该股均笔成交量已经由 7~8 手的范围大幅度地上涨到了 13 手左右，均笔成交量最高曾经高达 20 手以上。在当时股价全部处于历史低位的时候，均笔成交量如此放大，只能说明一个问题：庄家开始出手建仓了。在建仓的阶段，投资者只能够将当时的均笔成交量与前期的均笔成交量相比较得出结论。但是现在回过头来再看，投资者应该能够很清楚地发现均笔成交量曾经在该股的低位不断地放大，能够将均笔成交量放大的也只有庄家，散户是绝对不可能做得到的。

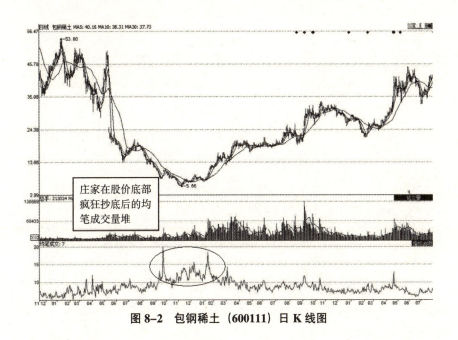

庄家在股价底部疯狂抄底后的均笔成交量堆

图 8-2　包钢稀土（600111）日 K 线图

2. 洗盘和拉升时均笔成交量变化

洗盘和拉升股价时，虽然不像建仓时有太多筹码进出市场，但是高出一定量的均笔成交量是非常必要的。不管庄家控盘程度到了何种程度，用一定的成交量来维持股价波动是非常必要的。在洗盘和拉升的阶段，均笔成交量的峰值往往不是均匀分布的。这主要是因为在洗盘阶段，庄家拉升和打压的动作不是连续进行的，在拉升阶段，只是在起始时用到大量的筹码，进入上涨的趋势后，可以借助散户的追涨行为，顺势把股价拉到目标价位。

如图 8-3 所示，美罗药业（600297）在 2014~2015 年的大反转行情中，股价的涨幅一度达到了 400%。该股从 2014 年 1 月的 5.43 元/股大幅度回升到 2015 年 5 月的 26.48 元。股价飙升期间，均笔成交量不断放大，这显然是主力拉升的结果。而图中洗盘阶段，均笔概率快速萎缩，显示后期拉升依然延续。图中显示出，在该股最后上涨的冲刺阶段，股价一度呈现出了横盘整理状态。在整理过程中，该股的均笔成交量迅速从 23 手以上下降到 16 手的范围内。

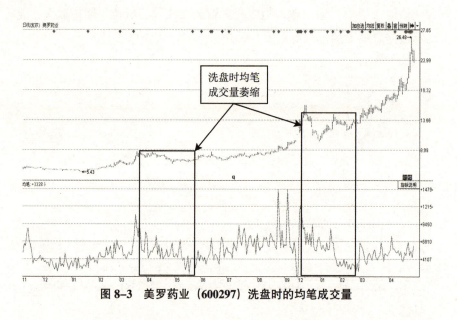

图 8-3　美罗药业（600297）洗盘时的均笔成交量

成交量在横盘的时候迅速萎缩，这一定是庄家的做法。拉升时还需要一定的资金量来维持股价的上涨，而横盘整理时就不需要太多的资金量了，只要能够稳定股价即可。

如图 8-4 所示，在中天科技（600522）的上涨过程中，存在着两次的拉升阶段——C 段和 D 段，均笔成交量维持在比较高的位置运行。而在调整阶

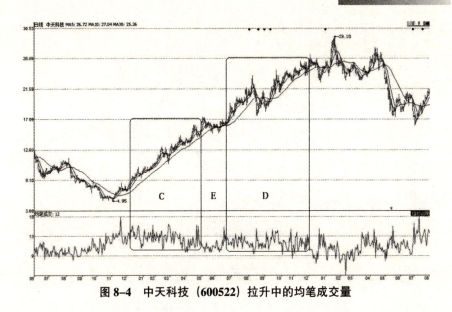

图 8-4 中天科技 (600522) 拉升中的均笔成交量

段——E 段，均笔成交量出现了明显的下降。由此可以看出，庄家为了拉升是不惜金钱的，而庄家在洗盘的阶段则不需要大量资金来维持股价在高位运行，庄家更多地选择了持币而不是持股，所以均笔成交量才变小了。

3. 出货时均笔成交量变化

庄家出货阶段的成交量变大是肯定的，均笔成交量放大是庄家短时间内实现筹码转移的结果。散户接盘、庄家退出是出货阶段的真实写照。庄家可以在短时间内卖出大量的筹码，也可以在长时间的横盘之中逐渐出货，不同之处就是均笔成交量可以是短时间内放大，或者是长时间内维持在相对高的位置。瞬间放大均笔成交量出货是杀伤力比较大的手法，散户会因为来不及出货而被套牢。长时间放大均笔成交量出货虽然不会在短时间内对投资者造成巨大的损失，但从长期来看却能够使投资者损失惨重。因此，投资者需要比较强的判断能力，才能够识破庄家的出货伎俩，避免投资损失。

如图 8-5 所示，从莱钢股份 (600102) 的日 K 线图中可以看出，该股在上涨的时候，均笔成交量始终在相对稳定的水平上波动，均笔成交量不超过 18 手的范围。但是该股在 2008 年 8 月连续以拉涨停的方式上涨，在 8 月 7 日收盘时的最后一个涨停板之后，股价就开始疯狂下跌了。从图中的均笔成交量可以很清楚地看出来，这时均笔成交量明显放大到接近 40 手的位置。平时在股价拉升阶段难得一见的庄家，终于在出货的时候现身了，放大的均笔成交量将庄家的行踪暴露无遗。

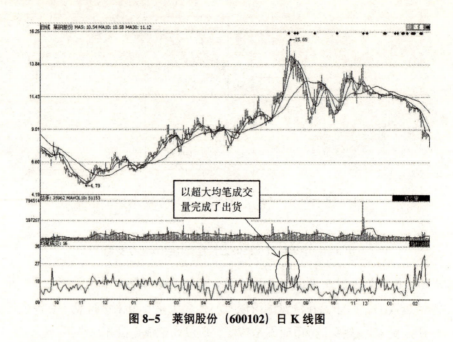

图 8-5　莱钢股份（600102）日 K 线图

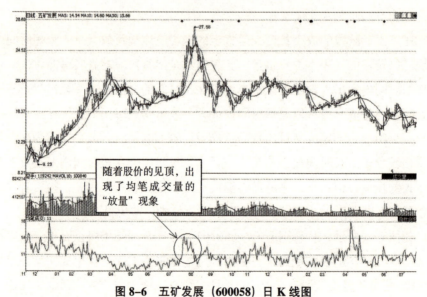

图 8-6　五矿发展（600058）日 K 线图

如图 8-6 所示，五矿发展（600058）这只股票在股价上涨过程中，均笔成交量都在不断萎缩，好像该股中没有了庄家的身影一样。但是在股价再次创出新高之后，均笔成交量在股价的高位被同步放大了。显然庄家在股价见顶的时候，奋力将自己的筹码出售了出去。一般情况下，庄家在股价的顶部现身一定是有其出货目的的。只要出现这种在股价高位放大均笔成交量的现象，并且对应出现了股价反转，投资者就应该毫无疑问地立即止盈出手了。

二、换手率里有庄家

换手率指标可以说明单位时间内投资者买卖股票的频率，该指标数值越大说明股票的流动性越好；反之则说明股票的流动性越差，关注的人越少，成交不够活跃。庄家进驻的股票，其活跃程度远远超过那些没有大资金进驻的股票。在庄家坐庄的每一个步骤之中，其进出股票时都会伴随着换手率的相应放大。在建仓、洗盘、拉升和出货的四个步骤中，建仓阶段和出货阶段的换手率一般是非常高的，这与庄家大量买卖股票是分不开的。建仓阶段筹码会大量地向着庄家转移，而出货阶段筹码又会向散户转移，两次转移筹码时换手率一定是放大的。一般来说，股票的换手率在3%左右是正常的，太低的换手率证明个股不活跃，参与买卖的人很少，如大盘银行股的换手率是非常低的，一般都不会超过1%的水平。而3%~10%以内的换手率就说明股票的活跃程度比较高，很可能有庄家在其中活动。10%以上的换手率在庄家建仓和出货时经常出现，但是个股的换手率一般都不会超过10%。

除此以外，新股上市之初的换手率也是非常高的。通常新股上市的第一天，其换手率都会在20%以上，当然50%以上的换手率也是屡见不鲜的。出现高换手率的原因之一就是庄家在短时间内完成建仓。由于新股上市首日不设置涨跌停板，庄家可以使资金大量地进入市场中，而不必担心股价涨停后买不到筹码，错失建仓的大好机会。

具体来说，投资者可以从以下几方面入手，通过观察股票换手率的高低来发现庄家的动向。

1. 建仓阶段放大的换手率

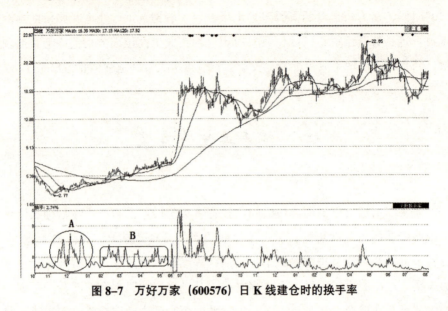

图8-7　万好万家（600576）日K线建仓时的换手率

如图8-7所示，万好万家（600576）在以涨停的方式上涨之前，曾经有近七个月的温和上涨阶段。就在这几个月缓慢的拉升当中，庄家顺利地完成了建仓的过程。那么怎样才能够提前知晓庄家的作为呢？图中的换手率藏着庄家的真正动向！股价上涨的初期，在图中A位置处，换手率经常出现高达20%的情况。图中显示股价有三次明显的拉升情况，在拉升过程中，换手率也随之达到了非常高的程度。

在之后的拉升过程中，图中B位置处的换手率始终维持在5%~20%。这么高的换手率配合股价缓慢上涨显然不是一般的散户能够达到的。庄家在花大力气建仓，才导致换手率不断维持在高位。

2. 出货阶段放大的换手率

如图8-8所示，华电国际（600027）在见顶的时候，股价经过最后的疯狂拉升，终于快速回落了。如果说在股价被拉升的时候，庄家的动向还不是很明显，那么在出货的时候，庄家的"狐狸尾巴"已经充分地暴露出来了。图中所示的巨大换手率就很能说明问题。庄家出货时放大的不仅仅是成交量这一个指标，股价快速见顶回落中还暗藏着大量的股票被换手。筹码在短时间内从庄家的手里转移到散户的手里时，换手率这一指标一定是非常大的。

图中出现的换手率的两个明显峰值就说明了问题的实质。

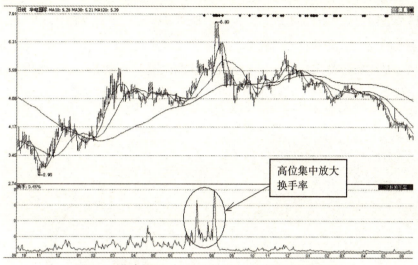

图 8-8 华电国际（600027）日 K 线出货时的换手率

3. 洗盘和拉升时的换手率

如图 8-9 所示，钱江水利（600283）被庄家拉升的过程中，股价也曾经历过打压的过程。对于庄家深度介入其中的股票来说，在庄家打压洗盘时，一定是散户在大量地出货。既然庄家不参与出货，那么换手率一定不会很

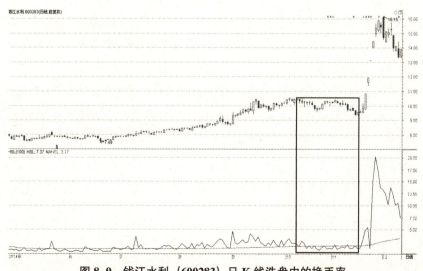

图 8-9 钱江水利（600283）日 K 线洗盘中的换手率

高。与拉升阶段庄家不断拉抬股价不同的是，打压股价的换手率是萎缩的。

如图 8-10 所示，皖通高速（600012）虽然算不上是 2008 年底到 2009 年底的股市反弹中的大牛股，但是其中却明显看出庄家的存在。图中 A 位置换手率的放大对应着股价的底部，这正是庄家建仓所在的价位。而图中 B 位置恰好是庄家拉升出货的位置。为什么这么说呢？因为庄家放大换手率建仓和出货的动作简直是太明显不过了。通过分析换手率，庄家的行踪就一目了然了。

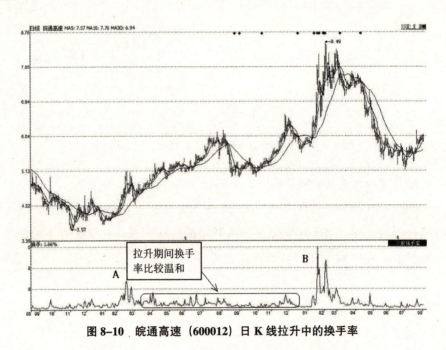

图 8-10 皖通高速（600012）日 K 线拉升中的换手率

那么拉升中的换手率如何呢？图中的股票建仓和出货之间的位置是庄家拉升股价时所在的位置，从中可以看出庄家拉升股价时的换手率虽然比较低，但是还是维持在高位运行的。这样的换手率与庄家不断拉升股价的动作是密不可分的。庄家要想拉升股价，会动用一部分资金来接盘。这样，相比在散户的作用下自然上涨的股价来说，庄家拉升股价时的换手率就会高很多了。

4.新股上市之初巨大的换手率

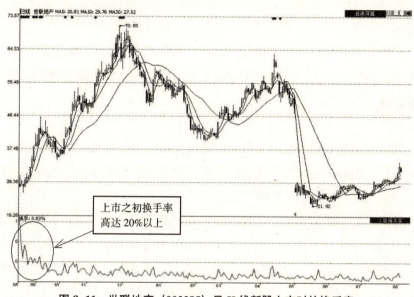

上市之初换手率
高达 20%以上

图 8-11　世联地产（002285）日 K 线新股上市时的换手率

如图 8-11 所示，世联地产（002285）是 2010 年众多上市新股中的一只。在该股上市的第一天里，换手率高达 74.60%，对应的成交量也高达190980 手。如此之高的换手率足以保证庄家在一天的时间里就抢到足够多的筹码了。不仅如此，在该股上市的前几天中，换手率一直维持在 20%以上。新股在上市阶段即放大换手率正是庄家的建仓行为。换手率和成交量同步放大的新股，在以后一定能够走出相当牛的大行情来。世联地产上市后，股价翻了一倍多的走势就充分说明了这一点。

三、筹码分布现庄家

筹码分布是寻找庄家很有效的方法，通过分析筹码的密集程度，不论何种股票都能看出庄家的动向。通过分析股票的筹码分布可以看出庄家操控的每一个步骤，不论庄家如何掩饰自己的操控手法，在筹码上的变化也会使庄家的行为暴露无遗。庄家完成建仓之后，筹码会呈现出单峰密集的分布形态。洗盘之后拉升的每一个阶段，筹码都会向上不断地转移，但是只要庄家没有出货，建仓时的底部筹码就不会消失，股价还可以继续上涨。

其实，研究筹码分布的状况，就是在判断庄家操作股票的性质，就是分析庄家操作的下一个阶段的动作。接下来投资者可以提前做出继续持股、加码追涨或是卖出股票止盈的动作。

筹码分布很重要的一个意义还在于为投资者提供非常现实的操作依据。通过筹码密集程度的分析，投资者可以选择那些筹码密集区域对应的股价作为止盈和止损的价格，一旦股价在这些位置发出了转向信号，投资者可以提前采取应对措施，控制潜在的风险并且放大利润。

针对庄家坐庄的每一个步骤，通过分析其筹码分布，可以使投资者跟庄的效果成倍增加。例如，在市场进入牛市的初期，任何一只筹码呈现单峰密集分布形态的股票，一旦股价有力突破阻力位，其上升的空间都是非常巨大的。在庄家洗盘的阶段，只要底部的筹码还未消失，股价高位的筹码呈现出密集分布的形态，一旦股价突破筹码聚集区域，股价上涨的空间就被打开了。而在庄家出货的阶段，顶部完成单峰密集分布之前，下跌的幅度是不会很大的。只有筹码在股价的高位区密集分布，而股价有效跌破该筹码分布区域时，目标股票才真正地进入了熊市当中。

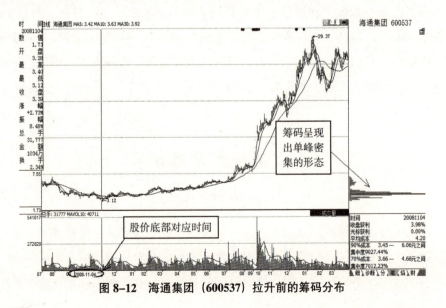

图 8-12 海通集团（600537）拉升前的筹码分布

如图 8-12 所示，海通集团（600537）股价位于低位区时，筹码呈现出了单峰密集形态。这说明随着股价长时间的阴跌，筹码已经逐渐地集中到了底部的价位。这样的股价一旦突破阻力大幅度上涨，那么上涨潜力是相当巨大的，股价可以在很长的一段时间内被大幅度拉升。试想一下，如果筹码呈现出这样密集分布的形态，庄家都没有大幅度地介入该股，那么巨大的单峰密集筹码又是如何出现的呢？如果仅仅是长时间的下跌，恐怕还难以将筹码大量地集中到庄家手中。庄家在底部控制了多数的流通筹码，那么在以后的拉升中就得心应手了。

如图 8-13 所示，中兴通讯（000063）被连续缓慢长时间拉升以后，筹码分布呈现出图中的单峰状态。随着股价从 7 元的低点大幅度上涨到 15 元附近，筹码不断向高位移动。这个时候，筹码依然表现为单峰形态。由此看来，该股不断上涨以后，筹码在投资者之间充分换手。充分换手的股票在庄家看来就是一只会"下金蛋的鸡"。庄家可以在短时间内动用大量资金，不费吹灰之力将股价拉升到目标位，而不必担心出现抛售压力。

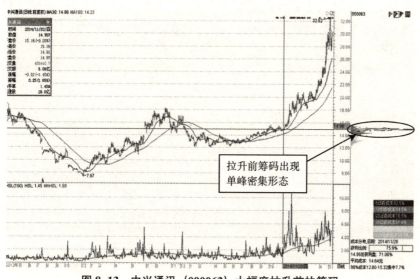

拉升前筹码出现
单峰密集形态

图 8-13　中兴通讯（000063）大幅度拉升前的筹码

如图 8-14 所示，海通集团（600537）股价从 2009 年 9 月 18 日开始，以连续六个涨停板拉升的方式一口气上涨到了 14 元/股附近，股价达到了翻一倍的程度。在接下来的一段时间内，股价再次上涨到了 20 元/股附近的价

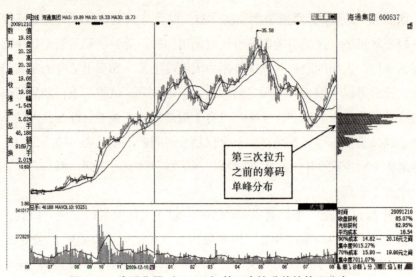

第三次拉升
之前的筹码
单峰分布

图 8-14 海通集团（600537）第三次拉升前的筹码分布

位。到此为止，股价反弹以来最强的一次上涨告一段落，从筹码分布上看有些零散，但是仍然是相对集中地分布在了顶部的区域，下方有一些零星的筹码。可见筹码并没有全部转移到股价的顶部。庄家在拉升的时候必然会有一些抛售的压力，因此投资者对该股今后的上涨幅度要求不能过高。

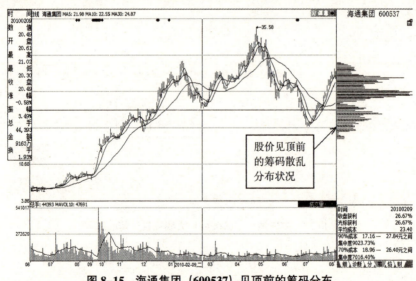

股价见顶前
的筹码散乱
分布状况

图 8-15 海通集团（600537）见顶前的筹码分布

如图 8-15 所示，海通集团（600537）在上涨回落后下跌到了 20 元/股附近，从图中筹码分布来看，很显然已经出现了多峰状态的筹码。庄家经过了反复的、长时间的拉升股价，持股的投资者中很多已经被套牢了，当然还有一部分的盈利尚未出货。对于这种筹码分布状况，控盘庄家再想大幅度拉升股价就非常困难了。只要股价开始大幅度的飙涨，那么套牢盘抛售股票寻求解套就不可避免了。

至此，成交量放大的现象只是在股价被拉了六个涨停后才出现一次，从此以后成交量开始不断萎缩，并未有庄家出货的现象。但是，这并不能说明该股的持股风险就没有了，筹码的分散表明庄家很可能已经力不从心了。若再想拉升股价，势必要通过洗盘等手段促使筹码集中，以便于今后的拉升。

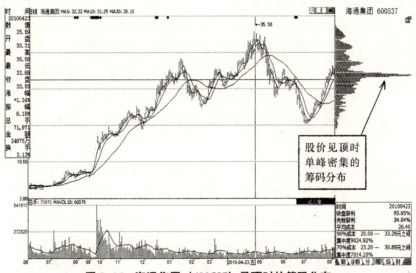

图 8-16　海通集团（600537）见顶时的筹码分布

如图 8-16 所示，股价位于顶部时筹码呈现出了近似于单峰的分布形态。筹码多数位于 20 元/股价位附近，获利投资者的收益并不是很多。从筹码的分布特征来看，投资者追涨的意愿并不是很强烈。没有相应的上升的筹码是庄家拉升股价的最大阻力，庄家再次拉升股价将变得非常不容易了。

从以上海通集团的筹码分布中可以看出，股价上涨过程中庄家的身影无处不在，从筹码在底部的集中分布，到拉涨停后的分散分布。庄家利用集中筹码疯狂拉升股价，而在股价涨幅过大之后，又利用分散的筹码打压股价。其实像海通集团这样涨幅接近 1000% 的股票，庄家不论何时出货都是可以的。原因就是庄家经过长期的坐庄，获得了非常丰厚的利润，即使庄家利用跌停的方式出货，也可以获利出局。

四、巨量成交看庄家

按照巨量出现的位置，可以从高位和低位两个方面来考虑。

1. 高位巨量：庄家跑，投资者也要跟着跑

在股价上涨达到了翻倍的程度时，庄家获利丰厚会想方设法在股价高位出货。出货时放大成交量是庄家的必然选择，既然庄家已经有了获利出局的打算，那么投资者再继续持股也就没有任何意义。没有庄家的拉升，股价很难有连续上涨的行情出现。不仅如此，庄家在出货的时候会造成股价的大幅度下挫，下跌的股价会因为投资者的大幅度杀跌而出现连续跳水的现象。最后，不论上市公司的业绩如何，进入跌势的股票在很长一段时间内是不会有多么大的起色的。

巨量在高位出现是庄家出货的表现，那么多大的成交量才算是巨量呢？通常如果是稳定交易的股票是不会有很大的成交量出现的，只有股票真正进入了出货阶段时才会出现巨大的成交量（当然，庄家加仓时也是可以出现巨量现象的）。判断成交量大小，可以通过比较一段时间内的成交量来得出结论。例如：比较一年以内的日线中的成交量大小，如果在股价的顶部出现了非常大的成交量，并且在之前一年多的时间里都未曾出现过，那么投资者就可以认定其为巨量了。配合换手率和日 K 线形态，投资者可以进一步判断出庄家是否已经出货。

如图 8-17 所示，当华联控股（000036）在上涨过程中达到了最高价 7.40 元/股时，对应的成交量放出了天量，股价随之见顶回落。该股从最低价 1.58 元/股开始上涨，股价最终上涨了 368%，可以说涨幅算是比较高了。涨幅惊人不一定代表今后就没有上涨潜力，只要庄家没有放量出货，投资者就

可以继续持股不动。庄家在此时既拉升股价又放大成交量的做法，显然是为出货做了充分准备的，散户见到这样的情况时切忌犹豫不决，不论盈利与否趁机离场才是投资者要做的事情。

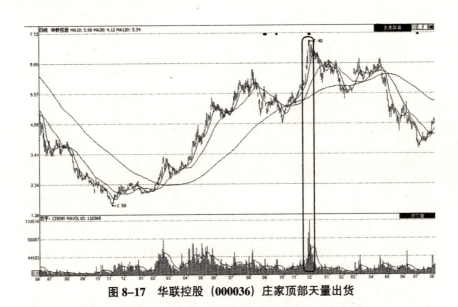

图8-17 华联控股（000036）庄家顶部天量出货

2. 低位巨量：庄家进，投资者也应该跟着进

在市场经历了长时间的熊市之后，股价下跌的幅度已经非常之大，一旦指数迅速企稳，可能庄家自己也会因为来不及反应，而在匆忙中完成建仓的过程。庄家的资金量是非常大的，短时间内大量买入某只股票一定会引起成交量的放大，甚至在近几年的时间中都未曾出现过的成交量会在短时间内出现。通过放大的成交量，庄家可以在短时间内基本上实现建仓，从而为今后的坐庄做好充分的准备。

在股价的底部出现巨量时，投资者也可以通过对比检验成交量来判断庄家是否建仓。庄家大量建仓之前，股价会长时间地处于阴跌中而没有任何的起色。庄家开始频繁活动时，所"制造"的巨大成交量就像是在平地上竖起一根旗杆一样清晰可见。如此一来，投资者只需要将日K线图的比例缩小一些即可看出庄家是否在活动。

如图8-18所示，伊利股份（600887）在三聚氰胺有毒奶粉的影响之下，连续地以跌停价收盘，股价从2008年9月12日的14元/股附近一路狂跌到了 6.5 元/股附近，下跌幅度超过 50%。就在股价跌停被打开时，成交量在 2008 年 9 月 22 日放出了天量 236 万手，借机抄底的庄家和散户一致将大量的资金砸向了该股。当日几乎以跌停开盘，在收盘时却以 1.38%的涨幅收盘。

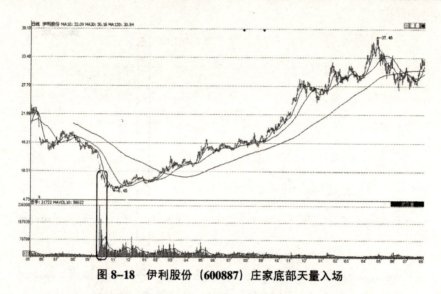

图 8-18　伊利股份（600887）庄家底部天量入场

可见，当时的熊市环境和利空的消息面使股价大幅破位下跌，这也恰好为庄家和散户创造了建仓的绝好条件。底部的天量正是庄家建仓的明显信号，投资者应该在放量之后大胆地介入，以免错过大好的建仓时机。

五、股价异动是庄股

不管是熊市还是牛市，在市场真正开始进入上涨的趋势之前，总会有一部分股票率先发力，开始大涨的行情。而在市场由牛市转为熊市的初期，总会有一些上涨过度的股票提前发出见顶信号，提前进入到熊市当中。投资者如果能够抓住这些走在市场趋势之前的股票，提前建仓或者提前止盈，一定会有很不错的投资收益的。

一般而言，提前发出异动信号的股票，在市场真正进入上升行情之后，都会成为真正的大牛股，最终的上涨幅度一定是惊人的。投资者应该对这样的股票率先做出建仓的准备，以免错失良机。股价在高位滞涨并开始反转的那些股票，也应该引起投资者的强烈关注。如果恰好持有这样的股票，须事先止盈卖出股票。如果尚未持有这样的股票，要密切关注持有的其他股票，很可能股价会在不久后发生类似的反转走势。

在消息面的影响下股价也会出现一些异动的情况。例如：在中期报告即将出炉的前期，对于预计盈利状况有较大改观的上市公司，那些先知先觉的庄家会提前做出相应的反应。股价很有可能会以涨停的方式来兑现应有的预期收益，并且是连续多日的涨停板。除了业绩报告以外，与上市公司有关的各种利好、利空题材的泄露，都可以成为庄家买卖股票的依据，也可以是目标股票大幅度异动的根源。投资者对这些题材的问题要给予相应的关注。

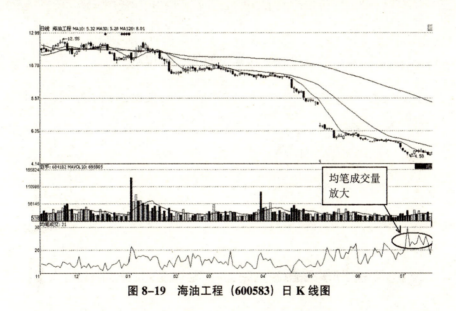

图 8-19　海油工程（600583）日 K 线图

如图 8-19 所示，海油工程（600583）这只股票在长时间的阴跌中没有一点起色。到 2010 年 7 月 19 日，该股当日收盘价格小幅上涨 2.75%，但从成交量上看仍然没有任何的起色。从均笔成交量上看，庄家已经有了一些明显的动向，但是从股价上看并没有反映出来。

如图 8-20 所示，随着上证指数在 7 月 19 日疯狂上涨 2.11%，海油工程（600583）也在当日突然放量上涨，并且以 5.34 元/股的涨停价格收盘。至此，该股终于从长时间的阴跌当中"苏醒"过来，成交量放大了四倍，这就是股票明显的异动情况，如图 8-21 所示。

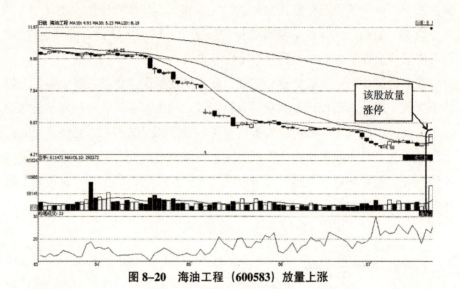

图 8-20　海油工程（600583）放量上涨

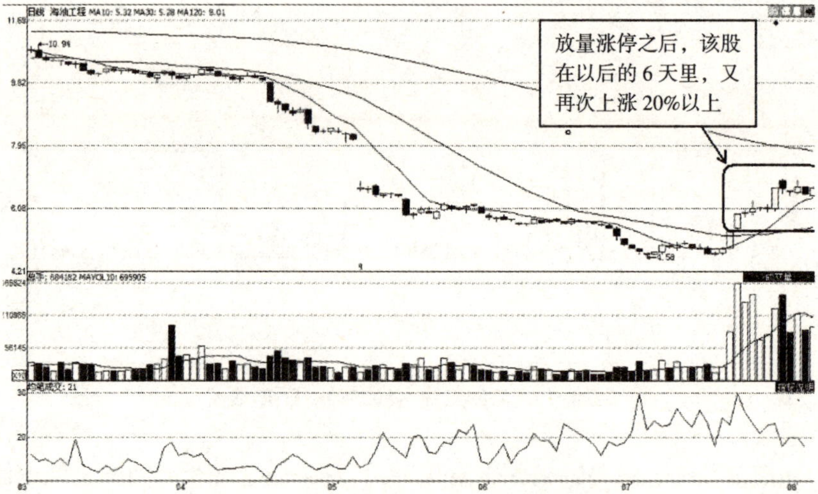

图 8-21　海油工程（600583）连续放量上涨

第九章 跟庄正确心态

一、适度贪婪也可赚钱

贪婪的投资者，往往一招致死！真的是这样吗？贪婪对投资者来说就意味着赔钱吗？在笔者看来也未必如此！

进入股市的投资者当中，没有一位是不想赚钱的。但是瞬间暴富的机会真的会出现在投资者面前吗？瞬间暴富的机会是有的，但是不是每个人都能够遇到，这是可遇而不可求的。适度贪婪是可以赚钱的，为什么这样说呢？难道说股市中因为贪婪而亏损得一败涂地的人还少吗？

贪婪是可以使赚翻天的投资者在短时间内变成套牢者，使长时间持股积累的利润付诸东流。之所以会有这样的情况出现，大多是投资者过度贪婪的结果。试想一下，在牛市中赚了三四倍甚至五六倍的利润之后，在市场进入调整期时还是继续持股不动，盼望着市场能够再出现一波又一波的上涨，这样的想法是不能有的。在熊市中有幸买入低估的股票，进入牛市后期时多数的股票都已经涨幅过高了。再一次被高估的股票，难道还有能够吸引投资者继续持股的理由吗？即使再优秀的上市公司，不切实际的估值都不可能在短时间内为投资者带来相应的投资回报。更何况市场经过牛市的大幅上涨之后，已经开始见顶回落。在市场转跌中继续持股的投资者，想法过于天真。投资者可以在市场上涨过程中的任何时候表现得贪婪，这种适度的贪婪多数情况下是可以放大利润的。但是一旦市场进入下跌的趋势中，摒弃贪婪之心就十分必要了。投资者应该记住的一句话是：按照市场的涨跌节奏进行投资，不会使你一夜暴富，但是一定不会使你严重亏损。

不管是上涨趋势还是下跌趋势，一旦确立就不会那么容易地被更改，由熊市转为牛市的时候也是这样的。股价虽然涨涨跌跌，但是大方向一定是具有持续性的。投资者在上涨途中要学会适当贪婪，以至于不会因为途中的小调整而清仓出场。而在市场真正转向之后，投资者也应该立即出场了结头寸，这样才能够保住利润。在股价转向的时候摒弃贪婪之心，利润就会与你长时间相伴了。

投资大师巴菲特有一句名言："想赚钱，就要在别人贪婪的时候你恐惧，别人恐惧的时候你贪婪。"那么什么时候是别人恐惧的时候呢？就是股价跌无可跌时，在市场处于一片悲观氛围之中时。在市场进入牛市时，投资者应该不断地保持贪婪，不为上涨中的任何调整所动摇。只有这样操作才是投资者"适度的贪婪"，才能够获得源源不断的利润。在股价真正进入调整阶段时，要尽快止盈。这时候的任何贪婪都是要不得的，因为股价上涨到高位的时候已经没有上升空间了。

市场上涨的阶段，每一个投资者都能发现。但是什么时候是股价开始下跌的时候呢？这个问题可以从简单的平均线中得到答案。一般在指数上涨时，投资者持有任何一只股票的风险都不大，只有指数掉头向下时，风险才

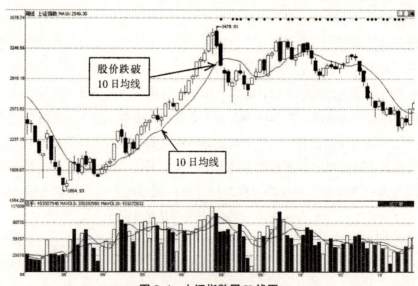

图 9-1　上证指数周 K 线图

随之降临。判断指数的上涨趋势是否发生了反转，在很多时候是相当容易的。只要投资者理性看待，不被市场中的各种传言和说法左右，那么就可以顺利地发现指数的转跌位置。

判断指数方向的最直接方法就是使用平均线。在指数上涨时，不管是以哪一条均线作为支撑线，只要顺利跌破了支撑线，那么就代表市场即将转向，投资者就应该考虑卖出手中的股票了。

如图 9-1 所示，上证指数在经历了 2008 年的熊市以后，开始绝地反弹。当指数站稳 10 日均线之后就开始一路上涨。指数上涨的初期也曾经出现过下跌的调整行情，但是只要没有有效突破 10 日均线，那么上涨的趋势就没有改变，这时投资者可以"贪婪"一些，继续持股，只有这样才能够有更好的投资收益。投资者只需等待指数自己见顶下跌，让市场来决定何时才是出货的最佳时机。

从图 9-1 中可以看到，在指数最高点位达到 3478.01 点后就开始下跌行情，下跌初期，投资者仍然不用理会指数是否已经进入了熊市当中。在指数有效跌破 10 日均线时，投资者就要收敛一下贪婪之心了，卖出股票止盈是不错的选择。因为作为支撑作用的 10 日均线已经被有效跌破，投资者就没有继续持股的理由了。

投资者可能会问，在指数跌破了均线之后再止盈岂不是有很多的盈利被吞噬了吗？早一点的止盈不好吗？

其实投资者有两种选择：一是在市场见顶前止盈；二是在市场见顶后止盈。

如果投资者对目标股票有一个很合理的定价，那么可以在股价上涨到这个价位附近就进行止盈；如果投资者对股票的合理价格没有定位，那么就需要通过追踪市场的动向，在指数真正被突破以后，选择合理的价位止盈出局。

以上介绍的基本上是牛市中的贪婪之心，那么在熊市中呢？在熊市当中，投资者的贪婪之心是要不得的。尤其在熊市初期，股价的每一次反弹都会吸引众多的投资者趋之若鹜般地抢购股票。结果就是这样的小反弹，却能够使投资者的投资收益毁于一旦。

在图 9-1 中，指数在见顶下跌之后，对于每一次的反弹投资者都应该慎重对待。反弹只是反弹，上涨的幅度和时间都是不确定的，投资者涉足这样的小反弹是对利润的侵蚀，是得不偿失的。

二、恐惧可以保住收益

巴菲特说过，恐惧是股市的一种传染病。在股市进入熊市的初期，市场中蔓延的恐惧情绪会像传染病一样迅速地传播开来。不论上市公司的预期业绩如何出色，其股票都会无情地被恐慌抛售。可以说熊市中投资者抛售股票与公司的业绩无关，只是投资者的恐惧心理使然。

牛市当中，股价普遍被高估，却会有投资者不断地追涨买进股票；而熊市中，多数股票被低估，却是很少有人问津。之所以无人过问，都是投资者的恐惧心理在作怪。能够在熊市之中不怕亏损而大量建仓的投资者还是很少的。

在股票市场中，贪婪是投资者的公认的大敌。而恐惧是与贪婪对立的另一种吞噬众多投资者利润的心理。恐惧之所以能够夺取大多数人的利润，是因为恐惧的时机不正确。在适当的时机表现出恐惧，非但不会减少利润，还能适当地避免风险，从而增加投资收益。

牛市当中多一些恐惧，可以让投资者清醒地意识到风险的存在，并且在市场方向开始改变时做出相应的反应，从而避免投资损失。而熊市当中少一些恐惧，应有的投资机会就会自动来到投资者面前。

牛市中的投资者往往会因为股价的不断上涨而忘乎所以，失去对潜在投资风险的警惕之心，这时候恐惧就可以发挥作用。既然牛市也会结束，牛熊总有一天会交替进行，那么在股市进入下跌趋势当中的时候，恐惧就能够帮助投资者免于亏损。

股价下跌初期，庄家已经提前出货而散户可能还没有全部卖出手中的股票，恐惧心理会让投资者免于掉进反弹的陷阱当中。

无数的事实证明，在股市当中，投资者的亏损不是因为贪婪迷失了方向，就是因为恐惧不断地买在下跌途中，以致投资者不断地在下跌途中止损出局。牛市当中股价的上涨速度可以是漫长的，而熊市当中股价的下跌可以在瞬间完成。投资者还没有感受到股价的下跌，亏损就已经反映在账户中了。熊市当中，投资者有一些恐惧感是非常有必要的，它能避免因为贪婪地抢反弹而摊薄牛市当中赚取的利润。

在市场当中，投资者对待利润的态度与对待亏损的态度是不一样的。在盈利的时候，投资者往往会见好就收，尽早地兑现应有的投资收益。而在亏损的时候，经常是苦苦地坚持，这样一来，投资者的损失就在漫长的等待中一步步扩大。投资者之所以没有在亏损的时候，利用恐惧的心理提前止损减小损失，是因为投资者并未认识到盈利的不易，而亏损是多么的轻而易举。

既然投资者对于亏损的认识已经很清楚，那么在市场转为熊市的时候，不去抢反弹、不去做单子，就不会有无谓的损失。当然，在市场真正处于恐惧之中时，扔掉恐惧的心态，"贪婪"地吃进筹码会使投资者享有更多的投资收益。

总之，贪婪和恐惧是每一个投资者都会有的心理，在正确的时间里运用这两种心态不仅不会亏损，收益率还会因此而提高。最后，投资者应该明白的一点就是：获得较高投资回报率的大师，其买卖方向经常是同市场中的多数人背道而驰的。因此才有了巴菲特的名言，"在别人贪婪时恐惧，在别人恐惧时贪婪"。

三、懂得止盈，学会止损

止盈和止损是投资者应该具备的良好投资素质之一。适当的止盈可以保住利润，而适当的止损又可以使损失降低到最小，止损和止盈可谓股票投资中不可缺少的投资策略。身在股市之中，重要的是盈利时要保住利润，亏损时又能限制损失，这样才能够无往而不胜。

华尔街有一条铁律就是适当地止盈和止损。不论如何强调止盈和止损的重要性，都是不为过的。因为市场中，真正认识到止盈和止损重要性的投资者并不在多数，能够做到的更是寥寥无几。因此，在此介绍一下止损和止盈的重要性和应该有的心理就十分必要了。

不管市场处于上涨之中还是下跌之中，趋势一旦形成，就不容易改变了。上涨也好下跌也罢，既然做出买卖的选择，就应该按照预定的投资策略正确地止盈和止损。所谓的"止盈容易而止损难"，就是因为投资者没有自己的投资计划，或者即使有自己的投资计划，也不去执行。

投资者在错误的时间做出错误的止盈和止损动作，其主要原因不外乎两种情况：其一，认为只有止盈利润才能属于自己，落袋为安是上上策。其二，认为只要不止损卖出股票，再多的亏损也是浮亏，浮亏不能说明自己的投资是失误的，利润还是可以再赚回来的。

第一种心态是很多投资者容易犯的一种错误。投资者选择了非常好的入场时机，却为一点蝇头小利匆忙收手，这样的心态难以有很好的投资收益。并且一旦趋势发生转变，仅有的收益也很容易付之东流。盈利固然重要，抓住利润也是非常重要的，让利润奔跑、让利润不断膨胀才是王者之道。持有股票，跟随庄家坐庄的过程不断取得投资收益才是硬道理。

当然，即使投资者选择了绝好的入场时机，也会因为庄家的洗盘而出现较大的账面损失。这时候投资者可以稍微地减小仓位，避免亏损放大，这时候的止盈或者止损是合适的。

第二种心态是投资者过度自负的表现。不愿意承认自己的投资失误，宁愿使账户浮亏不断扩大也不去理睬，在股价一步步地进入到跌势中时，投资者更是对产生的亏损麻木。投资者之所以不愿意止损，还有一部分原因是投资者难以面对周围的熟人。其实原因并不重要，重要的是很多投资者没有在适当的时间去止损。在牛市当中，晚一点止损或者不止损还是可以理解的，但是在熊市中就不能这样操作。熊市开始之前，庄家早已经逃之夭夭，盲目乐观的投资者继续战斗、继续持股不动，到头来只会落得"鸡飞蛋打"的下场。

四、不要有赌徒心理

投资者想要盈利，除了自身的素质之外，还要有比较好的投资心态，只有这样才能够取得好的投资收益。市场中能够盈利的少数人，其很多都是心无旁骛、心平气和，这些投资者有自己的投资手法、盈利目标和持股心态，不会因为市场变动而随意更改自己的投资计划。他们很重视投资方法的选择和投资策略的执行，而不是过多地在意投资的结果，但是却能够取得比较好的投资收益。这是什么原因呢？其实就是戒除了赌徒心理。

赌徒心理是那些不够理智的投资者经常抱有的心理。当然了，没有很好地执行投资计划，也是源于赌徒的心理。市场中能够长期盈利的投资者中，一定不会包含那些"赌徒"的。

那么如何界定投资和赌博呢？赌博和投资的区别在于采用什么样的方式来完成股票的买卖。正如彼得·林奇所说的"投资只不过是一种能够想方设法提高胜算的赌博而已"。关键的是投资者采取的投资策略，使用的投资技巧以及怀揣的投资心态。

在股市中，具有专业的投资知识、丰富的投资经验、良好的投资技巧的投资者已经不再是赌徒了，他们买卖股票的动机不是由单纯的股价波动驱使的，而是更看重预期投资收益与潜在投资风险的比率。当某一笔投资的预期投资收益非常大，而对应的风险却很小时，正是这类投资者动手买入股票的大好时机。

股市中的专业投资者与赌徒的很大区别是，其至少在盈利的概率上要高得多。50%以下的概率就是赌徒行为，而高概率的赌博就变成了投资。虽然追求百分百的投资收益不现实，但是成功概率在70%~80%还是有可能的。

索罗斯的买卖标准是：成功概率超过70%以后就开始买卖，并且要动用比较高的杠杆。

巴菲特是价值投资的坚决拥护者，他对自己投资方法的概括是：只投资那些盈利成为高概率的股票。对于盈利有保证的股票拿出大笔的资金来投资。

巴菲特通过详细考察上市公司后，挑选出其中最出色的公司作为投资对象，并且把几乎所有的资金全部"押注"在这些公司上。可以确定的是，得益于精挑细选的结果，购买这些公司获得比较高的投资收益是高概率事件。既然是高概率事件，就要下大赌注，这是相当合理的投资策略。

在实际的股票投资中，避免赌徒心理一个有效的做法就是选择好进场时机。在趋势向好的时候买入股票，市场处于跌势中时，不买进任何所谓的"好股票"。上涨时耐心持股，下跌时不管多么大的反弹都不要买入股票。这样不管市场风险多大，都能够从容应对，不管买入股票后如何套牢，个股总会在市场的上涨趋势当中重新恢复多头态势。

此外，投资者避免赌徒心理还要精于选股。对于那些题材股票、亏损股、没有业绩支撑的任何概念股票都不要买入。选股就选那些业绩相当出众、价格合理或者是被严重低估的股票。在市场多头占据优势的牛市中，可能多数股票都会一刻不停地上涨，这时候难以区分哪些股票是值得购买的，而哪些股票是不值得购买的。一旦市场方向发生了转变，跌幅靠前的一定是那些具有天价估值却没有任何业绩支撑的题材股票。

五、等待之中自有买卖时机

股市有涨有跌，涨涨跌跌正是其吸引人之处，也是盈利和亏损的助推器。如何才能够成为股市中的常胜将军呢？这就要在市场下跌时学会空仓等待。在等待之中寻找合适的建仓时机，在等待之中避开市场的下跌风险。

一般来说，股票市场长期趋势是不断向上的，但是短期内却有涨有跌，一年当中可能是连续的牛市行情，也可能是熊市行情。在漫长的熊市当中，没有投资者愿意持股等待股价下跌到合理的价位，再加仓买进筹码。在牛市中做单，在熊市中休息，这是最好的选择了。要避开熊市、抓住牛市，就要学会等待。

1. 牛市重仓，但不恋战

牛市当中，股票一片大涨时，可以重仓持有股票。股票全面上涨时，任何的调整都是无济于事的，股价终究会在调整之后创出新高。这时候重仓持有股票，不但风险要小得多，而且还可以获得更好的投资收益。但是在牛市的后期，股价滞涨意味着市场即将转向。投资者应该主动减小仓位，避开高位下跌的持股风险，保住来之不易的投资收益。

2. 牛熊转向，空仓休息

当牛市明显地转变为熊市时，投资者应该立刻空仓出局。因为在熊市中，任何的等待都有可能是对资金安全的一大考验。在熊市中买入股票，指望依靠反弹行情获取一些微薄的投资收益是得不偿失的。很多投资者之所以投资失败，不是其没有在牛市中盈利，更不是其盈利不够多，而是在熊市到来时不懂得休息，仍然继续持股。在亏损的投资者当中，很多人都是在熊市中为了一点蝇头小利，而幻想每一次的反弹都能够获得投资收益。

既然牛市已经结束，多数股票进入了漫长的熊途当中，投资者为何不在此期间休息一下呢？冒着巨大的下跌风险坚持持股待涨是不值得的。投资者要做的首先是保住利润，然后再谈收益。熊市当中操作股票既不能赚钱，又浪费时间。

3. 耐心等待，寻找突破

在熊市中的等待是一件很无奈的事情，但也是投资者必须要做的事情。等待之中，股价会不断下跌，不断制造不切实际的反弹机会。如果投资者失去了耐心，渴望追求短暂的利润，那么亏损也就随之来到投资者身边。

在熊市中等待，不是在浪费时间，而是在保存实力，为下一轮的牛市做好充分的准备。股票市场当中，但凡能够长期获得良好投资收益的投资者，都是能够在熊市中等待的高手。他们在等待之中发现市场转机，在小"牛"才露尖尖角的时候就开始调整仓位，适量建仓。待市场全面上涨时，他们已经有些不错的投资收益了。

熊市之中，任何的等待都是有价值的。投资者在等待之中虽然没有创造出利润，但是也没有在漫长的熊市中使资金亏损，这就是熊市中最有效的赚钱方式了。即牛市中少赚钱就是赔钱，熊市中不赔钱就是赚钱。

六、过度自信不一定是好事

相关经济学理论认为，虽然人们有风险规避倾向，但是对未知事物往往具有不切实际的乐观态度，以及对自己有过度积极的评价。这种非常信任自己的行为被心理学家称为"过度自信"。普通人当中，这种"过度自信"是普遍存在的现象，当然股民当中也是广泛存在的。"过度自信"经常会给投资者带来很多实实在在的破坏。

有一项统计表明：1987~1993 年对上万个美国有效交易账户进行统计，证明了多数账户都存在不计成本、过度交易的现象。研究结果证明这主要是因为投资者的过度自信而造成的。而对 1991 年 1 月到 1996 年的 78000 个家庭账户研究发现，换手率最低的月度收益率（1.47%）和换手率最高的月度收益率（1.009%）相比较，竟然相差 1.5 倍之多。

以上实例说明，市场中投资者普遍存在过度自信现象，并且过度自信的投资者往往是那些"喜欢"做交易的人，而投资的收益率却与他们做交易的次数成反比。

不管出于什么原因，有这样的过度自信心态，对投资者来说不是一件好事情。不断地在股市中交易，买卖股票成为投资者的一项任务而不去管盈利与否，这样的投资不具有实际意义。

在股票市场中，那些过度自信的投资者往往自己动手买卖股票，但是信心不足的投资者就会更多地选择像基金公司这样的公司来替自己理财。这样，股票市场中的投资者多数会表现得很自信，并且对于炒股这种复杂的投资来说，投资者会更加倾向于表现自信。

如此看来，投资者买卖股票时，应该多关注自己情绪的变化。不要因为过度自信而不停息地进行交易，造成亏损增大；也不要试图刻意寻找一些能够证明自己正确的材料来证明自信是正确的，而不去理会那些负面的信息。投资者最好的做法就是摆正心态，立足于理性的投资，时刻反省自己的炒股心态和炒股策略是否得当，并且将心态调整到最佳状态，努力避免由过度自信带来的损失。

　　市场中很多投资者的过度自信都来自于一两次的偶然暴利。如在无意中买到了一只暴涨的股票后，自信心严重膨胀，以为这是自己投资能力的体现，在以后的投资当中自信地认为还可以拿到相同的股票，以致更加自信地频繁交易，从而使得自己的资金严重缩水。

第十章　跟庄要看清陷阱

一、强拉长阳的陷阱

大阳线一般经常出现在多头市场中，是多方力量强大的表现。如果是庄家有意在快速上涨的初始阶段拉出的长阳线，那么投资者毫无疑问地可以选择做多。但市场是变幻莫测的，即使是大阳线也不一定是看多的信号，还要看阳线所处的位置以及成交量的情况。例如：在股价涨幅过大的时候，出现高位放量的大阳线，通常都是股价高位见顶的信号。投资者不可以漫无边际地追涨，大涨之后可能是股价高位跳水的走势。具体来说，大阳线的陷阱有以下几种情况：

1. 高位放量阳线

股价上涨到高位之后，庄家采取放量拉长阳的方法，通常可以收到意想不到的诱多效果。对投资者而言，不论涨势有多大，成交量放大多少都不能够轻易地追涨。除非走势特别强势的个股，否则庄家拉出的大阳线也就是个幌子而已，大涨背后是换手率和成交量共同作用下的庄家出货行为。

如图 10-1 所示，中粮地产（000031）同其他的地产股一样，在 2009 年的 7 月就早早地见顶回落了，这时候同时回落的还有上证指数。地产股和指数同时回落，正是股价大幅下跌的直接动力。中粮地产在上涨到 16 元/股附近时开始见顶回落，股价有效突破 60 日均线的强大支撑。股价在跌破 60 日均线的支撑后，不久就开始绝地大反弹。但是反弹终究是反弹，无论如何都不可能是反转。该股再次向上突破 60 日均线的压力后，好似在 60 日均线处获得支撑，突然出现了一根大阳线，并且还出现了成交量放大的现象。那么这样的反弹真的能够持续吗？此时投资者切不可贸然行动，如果仅仅是庄家出货的一种手段，那么投资者追涨后的损失是非常大的。

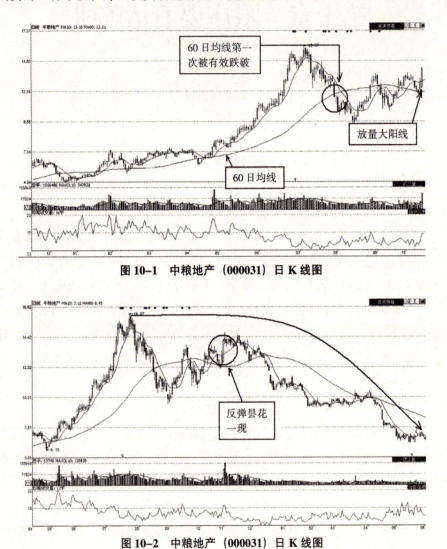

图 10-1　中粮地产（000031）日 K 线图

图 10-2　中粮地产（000031）日 K 线图

如图 10-2 所示，中粮地产（000031）的涨停反弹如昙花一现，股价的下跌趋势依旧持续，并且一发不可收拾。如此说来，股价在高位反转之后，顶部价位是难以逾越的。尤其是像中粮地产这种一举跌破 60 日均线的情况，是很难在短时间内有像样的反转的。图中显示股价见顶之后，最终从 16 元/股附近持续下跌到了 6 元/股附近，跌幅更是高达 60%以上。

2. 高位三连阳线

高位出现三连阳的 K 线形态对投资者而言更具有很强的诱惑力。放量上涨的一根大阳线就足以说明市场的多头趋势，而三根大阳线无疑为追涨的投资者带来了买入股票的借口。事实上，在庄家出货的众多操作手法中，高位的三连阳线就是方法之一。用三根大阳线诱多，对一般的投资者而言都是"噩梦"，而对庄家来说则是非常有效的出货方式。

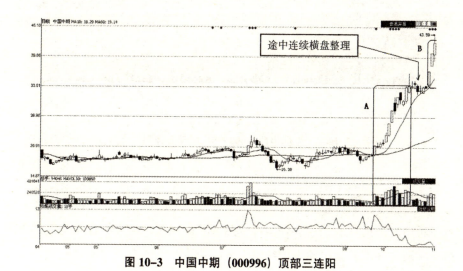

图 10-3　中国中期（000996）顶部三连阳

如图 10-3 所示，中国中期（000996）的上涨过程可谓是庄家一手操纵的。股价长时间横盘不动，待真正上涨时，又是以近乎连续涨停的方式短时间内达到新的高位。图中所示的 A 位置，是股价的第一波上涨，庄家毫不费力地将股价拉升到了 33 元/股附近。然后股价开始了短时间的横盘。股价横盘不久，庄家就开始了第二波的拉升。从图中可以看出，股价再次小幅放量三连阳上涨。此时股价在庄家的大幅度拉升下已经上涨了 100%以上，从最低处的 20 元/股附近上涨到了 43 元/股以上。面对如此大的涨幅，投资者如果还要追涨则风险就相当大了。

如图 10-4 所示，中国中期（000996）在顶部第二波连续三根阳线上涨之后，股价短时间内开始大幅度下挫。一直到第一波上涨的价位附近，股价才停止了下跌的趋势。可见在股价大幅上涨且顶部出现三连阳的竭尽形态之后，投资者是不能够追涨的，如果被套牢就很难解套了。图中显示了该股见顶之后，股价的波动始终就未能超越三连阳线创出的最高价格。

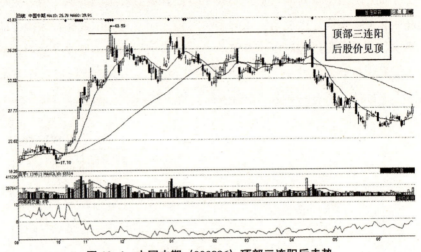

图 10-4　中国中期（000996）顶部三连阳后走势

3. 横盘中的大阳线

从股价横盘的位置来看分为股价底部横盘、股价上涨途中横盘和高位横盘三种情况。当分别在这三种情况中出现大阳线时，多空的意义是不太相同的。一般在底部放量出现大阳线时，说明股价很可能要出现明显的反转。具体能否反转，还要看成交量能否配合股价不断上涨。而股价上涨途中横盘出现的大阳线，在股价上涨幅度不大的情况下，多数认为这是股价继续上涨的信号。如果投资者看多，风险不是太大。需要注意的一点就是，股价出现大阳线之前，应该有一段量价配合的上涨过程，或者是股价在此之前曾经出现过缩量下跌打压的情况。只有这时候出现的大阳线，才更具有说服力。

一般而言，在股价涨幅过大之后横盘区域中出现的大阳线，是不能够作为追涨信号的。殊不知，庄家经常是以涨停的方式拉升股价，打开涨停板之后再慢慢地横盘出货。这时候出现的大阳线，经常都是庄家在为自己创造出货机会，所以投资者最好还是不要追涨，以免掉进陷阱中去。

如图 10-5 所示，中国软件（600536）在庄家疯狂的拉升当中，股价从最低价格 5 元/股附近大幅度地上涨到了 33 元/股，累计涨幅高达 500%。值得一提的是，该股初始上涨阶段的上涨速度不是很快，但是在股价到达 10

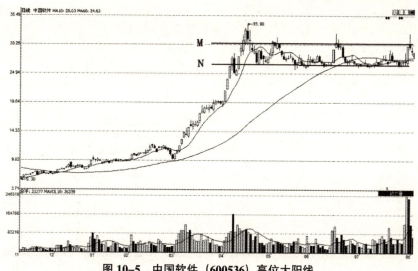

图 10-5　中国软件（600536）高位大阳线

元/股时庄家开始连续地拉升股价，该股一口气上涨到了最高价格 33 元/股附近。由于上涨幅度过大，股价随即开始了横盘整理的走势。该股一直在价格线 M 和 N 所在的价位之间波动，并没有很大的涨跌。在股票横盘过程中，曾经一度出现了两次涨停的现象，还有一次是股价刚刚进入调整阶段时出现的短时间上冲动作。这样的反弹出现在股价拉升了五倍之后，投资者如果轻易介入这样的涨停"机会"，恐怕一旦套牢就难以脱身了。

从图 10-5 中可以看出，股价在高位横盘时成交量总是出现不连贯的放大，股价的波动也没有什么规律可言。之所以出现这样的现象，重要的原因就是庄家正在出货。出货时是没有什么规律可言的，庄家只要完成出货，股价就会从高位跌落下来。

如图 10-6 所示，中国软件（600536）在顶部出现大阳线时，同时出现了一年都未曾有过的放量现象，换手率更是高达 15.7%。成交量和换手率的同时放大说明庄家明显地在高位出货了。大阳线之后 K 线形态上随即出现了一根冲高回落的上影线相当长的阴线，成交量再次得到放大，换手率维持在14.4%。股价在连续两天的天量成交之后，快速下跌至 20 元/股以下。至此庄家在高位横盘涨停时出货，股价下跌回落，庄家的坐庄过程也就告一段落了。

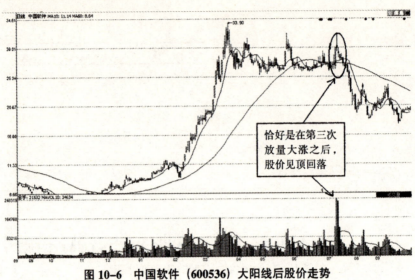

恰好是在第三次放量大涨之后，股价见顶回落

图 10-6　中国软件（600536）大阳线后股价走势

4. 下跌中突然出现的大阳线

下跌中出现的大阳线，是根本不足以追涨的，股价更没有继续上涨的条件。投资者以为股价会见底回升，其实则不然。更多的股票在真正见顶之后的下跌幅度是 30%~40%。投资者见到反弹就认为股价见底回升了，这样做的风险是相当大的。

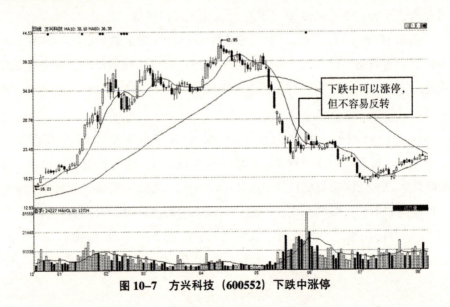

下跌中可以涨停，但不容易反转

图 10-7　方兴科技（600552）下跌中涨停

如图 10-7 所示，方兴科技（600552）在 2009 年也算是一只不折不扣的大牛股了，该股从最初的 3.5 元/股附近上涨到了 42 元/股，涨幅高达 1000%。就是这样一只大牛股，在创下了 42.95 元/股的最高价之后，股价开始了快速回落。下跌过程中，由于下跌的速度过快，跌幅过大，出现了两次的涨停现象。这样的涨停出现在快速下跌途中，从涨停的位置来看，投资者如果强行介入抢反弹，则风险是非常大的。因为股价在破位下跌之后，真正的股价底部谁也不会知道，投资者在股价还没有企稳时就盲目介入其中，很容易在股价下跌的途中被套牢。

很多时候，股价在真正见底之前都会有向上调整的走势。这时候投资者更需要耐心等待，即使在股价企稳之后再建仓，也不算迟。股价不管是上涨还是下跌都不是一帆风顺的，一波三折是非常正常的事情。股价开始反弹上涨时，大多不会一步到位，而是需要不停的调整才会有一定的涨幅。

图 10-7 所示的方兴科技在下跌途中连续出现两个涨停之后，股价又继续向下探底了，并且从 24 元/股附近下跌到了 17 元/股附近，跌幅达到了 30%。

5. 尾盘强行拉涨停的大阳线

开盘和尾盘是庄家最便于操纵股价的阶段，只要少量的资金即可以使股价发生非常大的变化。原因之一就是，开盘和尾盘时投资者都不会投入很多的精力去关注。庄家正好利用自身的资金优势大笔拉升或者打压股价。而在尾盘拉升股就是庄家制造的一个相当大的陷阱，很可能股价在第二天投资者开盘追涨之后高开低走，从而使投资者蒙受损失。

如图 10-8 所示，山煤国际（600546）在下跌的过程中并没有出现巨大的上涨幅度。但是在 2010 年 6 月 1 日时，日 K 线上出现了一根涨停价收盘的大阳线。而第二天（即 2010 年 6 月 2 日）股价却又以低开 9% 开盘，股价几乎在开盘时就跌停了。那么是什么原因导致了股价出现如此巨幅的波动呢？这是一次很平常的波动吗？实则不然，在这两次的大涨大跌中，隐藏着巨大的阴谋。

如图 10-9 所示，从 6 月 1 日的分时图中可以看出，当时山煤国际（600546）的股价一直处于下跌的状态之中，并且在当日收盘前半个小时内股价下跌幅度超过了 3%。最终在距离收盘仅仅两分钟的时间内，股价被疯狂地拉升了 13% 之多，并且在收盘时稳稳地封在了涨停板。后来了解到，当

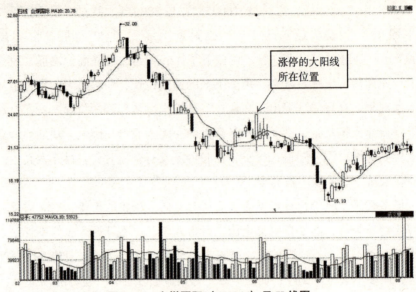

图 10-8　山煤国际（600546）日 K 线图

时拉涨停采用的是两个账户对倒的方式，当日对倒的成交量高达 102.56 万
手，占当日该股市场成交量的 32.46% 之多，更是占到了收盘前两分钟市场
成交量的 78.13%。

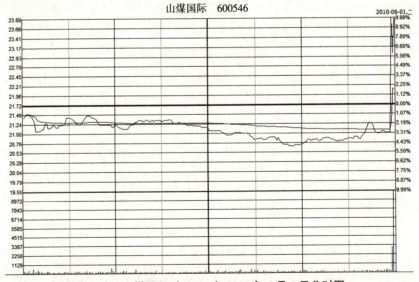

图 10-9　山煤国际（600546）2010 年 6 月 1 日分时图

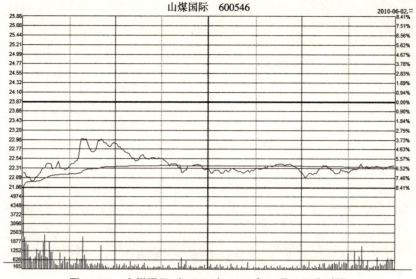

图 10-10 山煤国际（600546）2010 年 6 月 2 日分时图

如图 10-10 所示，山煤国际（600546）在 6 月 2 日低开 9%，当日收盘相比前一个交易日更是大幅下挫 6.37%。如此一来，投资者不仅不能够追涨尾盘拉升的股票，更不能在第二天轻易地买入股票，否则损失将是非常大的。

二、巨量打压的陷阱

打压之所以被称为"陷阱"，是因为庄家在打压的同时完成了洗盘建仓的动作。庄家真正的目的不是打压股价，而是为拉升股价做充分的准备。一般情况下，在打压过程中会造成投资者恐慌性地抛售股票。

1. 股价底部的打压陷阱

股价在下跌到底部时，本已物有所值了。但是庄家还是生硬地把股价打压下去，这正是庄家为自己创造低价建仓的机会。投资者此时可以在股价下跌的途中继续加仓，与庄家一起完成建仓的动作。打压建仓的时候，成交量会随之放大，这正是庄家建仓的结果。

图10-11　复星医药（600196）庄家打压中建仓

如图10-11所示，复星医药（600196）在上涨的途中，于2009年9月23日出现了一根放量的大阴线，当日股价下跌了9.76%，几乎以跌停的价格报收。大阴线看似是庄家的出货行为，其实下跌的背后暗藏着庄家在打压中建仓的阴谋。要看清楚庄家的真正动机，投资者还要根据分时图中的量价关系来判断。如果庄家真的要出货，在股价下跌时一定是伴随着放量的。

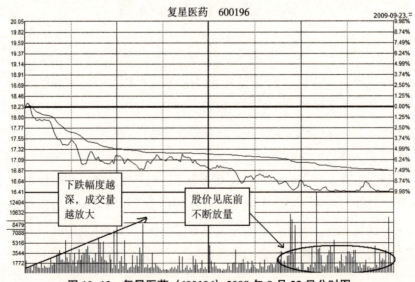

图10-12　复星医药（600196）2009年9月23日分时图

如图 10-12 所示，复星医药（600196）在 2009 年 9 月 23 日的分时图中，投资者可以明显地看出，股价在开始下跌时，并没有多么大的成交量来配合。而随着股价不断地向下探底，成交量随之增大了很多。在当日临近收盘前的一个小时左右，股价正位于低位，成交量又不断地放大了许多。底部放量不可能是庄家出货的行为，因为庄家不会在股价的底部赔钱卖出筹码。既然是庄家打压建仓的行为，那么投资者也就没有必要惊慌失措了，股价越下跌就越应该大手笔地买入股票。

2. 上涨途中的打压陷阱

在股价上涨途中出现打压股价的现象时，要视成交量的情况分别判断。在高位放量下跌总不是什么好事情，成交量萎缩的情况更能够说明庄家是在洗盘，而不是在出货。但即使是稍微放量在有些时候也是无所谓的。例如：在庄家洗盘的初期，获利的投资者比较多，成交量放大一些的洗盘是很正常的事情，并且随着洗盘次数的增多，股价下跌过程中成交量会逐渐萎缩的。

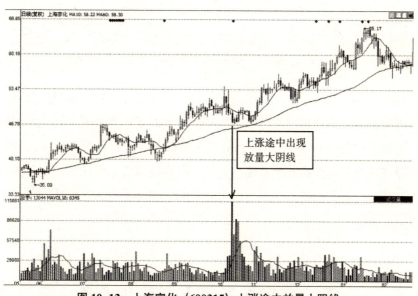

图 10-13　上海家化（600315）上涨途中放量大阴线

如图 10-13 所示，在 2009 年 10 月 15 日，上海家化（600315）在上涨途出现一根放量大阴线，股价在当日下跌了 3.17%，而成交量更是放大了

3.2 倍。巨量之中肯定会有庄家的身影，庄家既然出现了，那么不是建仓就是出货。一般在庄家洗盘时，除非股价的上涨幅度相当大，或者股价的跌幅较大，否则成交量是不会放得如此之大的。而上海家化在放量下跌前既没有比较大的上涨幅度，当日的下跌幅度也不大，那么这一定是庄家的洗盘或者建仓动作。

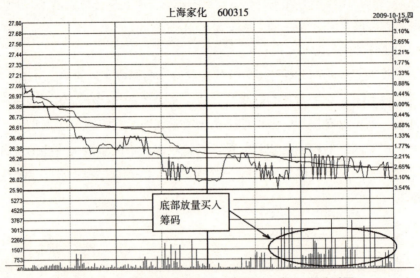

图 10-14 上海家化（600315）2009 年 10 月 15 日分时图

如图 10-14 所示，从上海家化（600315）2009 年 10 月 15 日的分时图中可以明显看出，股价高开之后就开始不断地下跌了。高开低走是当日股价的运行趋势。在股价到达 3% 的跌幅前几乎没有任何的放量现象出现，但是在股票即将收盘时成交量开始不断增大了。既然庄家没有设法利用高开的机会买入股票，而在股价下跌到底部时放量交易，显然是庄家在打压中完成了部分建仓的动作。

三、看穿庄家"画"K线手法

庄家的资金量大，在盘中有意制造些 K 线形态，用以麻痹投资者。投资者自己看到的价格走势，更加容易让人信服。庄家制造的K线形态中有强行拉升的大阳线、大阴线、下影线很长的小阳线和上影线很长的阴线等。那么庄家制造这些K线的过程是怎样的呢？投资可以从分时图中看得一清二楚。

1. 大阳线

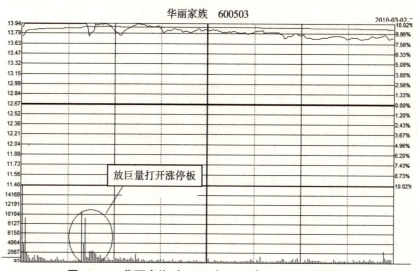

图10-15 华丽家族（600503）2010年3月2日分时图

如图10-15所示，华丽家族（600503）在2010年3月2日开盘时几乎以涨停价格开盘，开盘以后股价立刻被封死在了涨停板上。但是好景不长，涨停板打开后出现了巨大的成交量。如果庄家确实要拉升股价，也不会让涨停板轻易地被打开，并且打开涨停板之后还出现如此大的成交量，显然庄家是有心出货无力拉涨停了。既然庄家已经想出货了，那么投资者也就没有再买入股票的必要了，不论是多么大的阳线都不能成为投资者建仓的理由。

2. 大阴线

如图10-16所示，从大厦股份（600327）2009年8月19日的分时图中显示出，股价当日的走势非常弱，从横盘整理到缓慢下跌。然而在临近收盘前的一刻钟内，股价下跌幅度却超过4%。庄家的大阴谋在最后的几分钟内实现了。从图中可以看出，在临近收盘时以几乎高达4000手的成交量将股价砸了下来，最终该股以8.56%的下跌幅度成交。

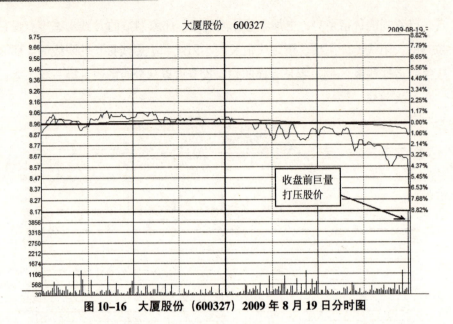

图 10-16　大厦股份（600327）2009 年 8 月 19 日分时图

　　如果投资者只是看日 K 线，很难发现股价的大幅度下跌是庄家在收盘前做了手脚。投资者能够看到的只是庄家操纵股价的结果：一根放量的巨大阴线实体。

　　庄家巨量打压股价只有一个目的，那就是洗盘和借此机会收集筹码。既然有投资者被庄家的巨大放量阴线所欺骗，并且在股价下跌的当日没有机会出货，那么，第二天开盘时投资者一定会大量地抛售股票，引起股价的大幅度下跌。庄家恰好在开盘时趁机收集筹码，同时大幅度地拉升股价，不给散户低价买股的机会。

　　如图 10-17 所示，从大厦股份（600327）2009 年 8 月 20 日的分时图中可以看出，股价开盘即大涨 8.54%，并且开盘后成交量迅速膨胀，股价在瞬时间即被拉入了涨停板。放大成交量的过程正是庄家有意为之的抢筹过程。

　　如图 10-18 所示，大阴线出现的位置正好在该股上涨的途中，并且股价已经处于 60 日均线以下的位置。这时候出现大阴线对投资者来说具有一定的迷惑性，但仔细观察庄家的动向也不难发现，庄家对该股还是很有信心的，不然也不会在临近收盘时猛砸股价，给投资者以压力。对于精于技术分析的投资者来讲，庄家的做法可谓是欲盖弥彰。

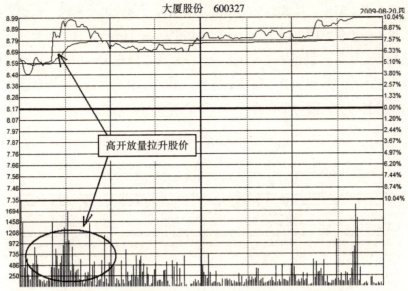

图 10-17 大厦股份（600327）2009 年 8 月 20 日分时图

图 10-18 大厦股份（600327）日 K 线图

3. 具有很长下影线的小阳线

如图 10-19 所示，从 *ST 石岘（600462）的分时图中可以看出，股价在开盘后就大幅度跳水下跌，成交量放得相当大。盘中一度横盘滞涨，但是在临近收盘的半个小时内，巨大的成交量把股价拉升了起来，最终股价在收盘时小幅上涨 1.37%。日 K 线中留下的带有很长下影线的小阳线，给投资者带来了很大的想象空间。但是当时投资者如果仔细分析日 K 线，查看一下股价所在的历史价位，很容易发现在股价上涨幅度已经很大的情况下出现了貌似支撑作用的小阳线根本算不得什么支撑。最多说明下方的买方力量强大，下跌的趋势暂时受到阻力影响而已。

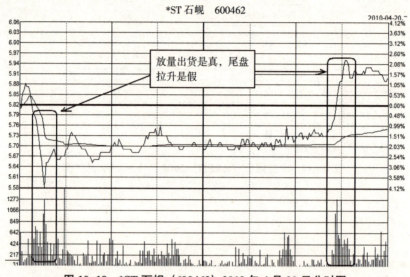

图 10-19　*ST 石岘（600462）2010 年 4 月 20 日分时图

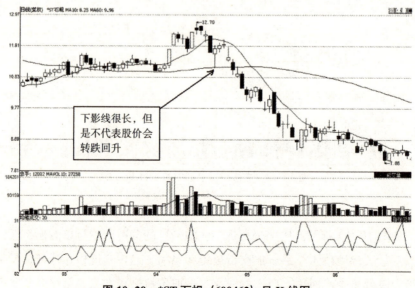

图 10-20　*ST 石岘（600462）日 K 线图

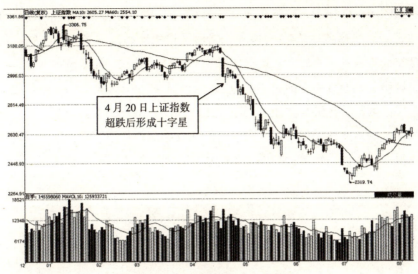

图 10-21　上证指数日 K 线图

　　如图 10-20 所示，从日 K 线图中可以看出，股价在破位下跌之后，才出现了这样貌似支撑的 K 线形态。结合当日上证指数的位置可发现，*ST 石岘正是在上证指数破位下跌形成十字星后才出现下影线如此之长的小阳线，如图 10-21 所示。既然指数已经放量下跌，那么后市看跌的概率就非常大了。投资者再持股不动等待反转就不太现实了。

　　4. 上影线很长的阴线

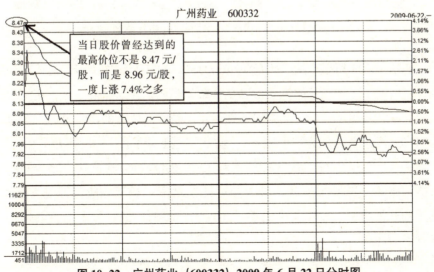

图 10-22　广州药业（600332）2009 年 6 月 22 日分时图

如图 10-22 所示，广州药业（600332）在 2009 年 6 月 22 日开盘后被瞬间拉升到了涨幅高达 7.4% 的位置，然后又很快地回落下来。短时间内的大幅度拉升肯定是庄家所为。那么庄家为何要这样做呢？无非是想洗盘，并且趁机试验一下上方抛压的大小，为以后的洗盘和拉升做充分的准备。更重要的是庄家可以借此机会在日 K 线上人工地画出一根长的上影线来，为庄家后来的洗盘做好准备。如果庄家在以后的洗盘中疯狂打压股价，投资者再联系到这根上影线很长的 K 线形态，就会很自觉地抛售筹码了。

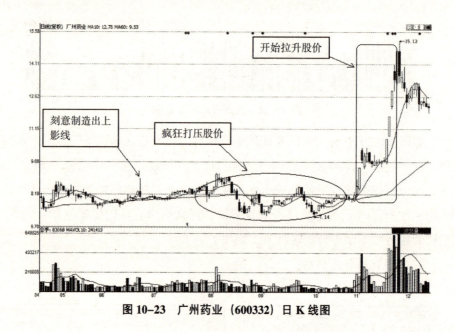

图 10-23　广州药业（600332）日 K 线图

如图 10-23 所示，从广州药业（600332）的日 K 线图中可以看出，庄家刻意制造的上影线很长的阴线形态是非常显眼的。在这之后不久，庄家对该股的打压就开始了，股价无缘无故地缩量阴跌。三个月的洗盘过后，开盘即出现拉涨停，股价以迅雷不及掩耳之势快速地上冲了。

从这个例子中可以看出来，庄家在横盘期间的突然拉升，原本的用意可能根本不是欺骗投资者，最大的可能性是庄家想拉升股价但是失败了。既然拉升失败了，说明其中的浮筹还是比较多的，这样看来洗盘就非常有必要了。

四、远离盘中狂拉的诱惑

　　股市中庄家最为常用的出货手法是拉升诱多，在拉升中出货最大的特点是可以迷惑投资者。投资者渴望看到的就是大阳线、下影线比较长的阳线等K线形态。庄家正是在拉升中，有意无意地制造出诱多的阳线，使投资者趋之若鹜，不断追高，买入股票。这样庄家可以在下方强大买盘的支撑之下，趁机大量出货。投资者在很多时候会看到已经见顶回落的股票，在其顶部出现了非常长的上影线K线形态。之所以出现上影线，这是庄家有意诱多后出货打压股价的结果，造成了股价在一日内走出上涨后又破位下跌的行情。

　　庄家盘中拉升的手法主要表现在开盘和收盘集合竞价的时候，庄家利用自己强大的资金优势，迅速将股价拉起来，造成投资者疯狂追涨后，在盘中或者第二天开盘时候出货打压股价，这样庄家就会顺利地实现高位放量出货的目的。

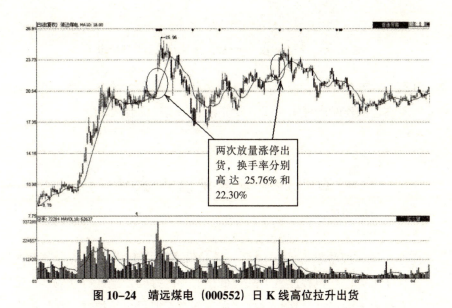

两次放量涨停出货，换手率分别高达 25.76% 和 22.30%

图 10-24　靖远煤电（000552）日K线高位拉升出货

如图 10-24 所示，从靖远煤电（000552）的日 K 线中可以看出，股价上涨到 20 元/股附近时先后两次出现了高位放量上涨的现象。那么投资者对于这样的上涨一定要谨慎考虑，以免套牢。图中分别发生在 2009 年 7 月 15 日和 11 月 16 日的涨停板，两次换手率高达 25.76%和 22.30%，如此高的换手率出现在高位涨停的情况下，这就是庄家有意拉升股价，暗中完成出货的动作。投资者如果追涨这种股票，损失一定是不可避免的。

图 10-25　靖远煤电（000552）日 K 线出货后股价走势

如图 10-25 所示，在两次高位出货之后，股价的走势立刻陷入了阴跌之中。可见高位涨停时出现大阳线，投资者不应该盲目追涨。

五、辨别庄家洗盘和出货

庄家在拉升股价前必须要洗盘，通过洗盘可以减小拉升当中抛盘的压力，并且庄家可以趁机在股价下跌到低位时买入筹码，摊低持仓成本。出货与洗盘有着根本的区别。洗盘之后，庄家还会对股票进行拉升，并且拉升的幅度一般还会很高；出货之后，庄家顺利地将筹码转移到散户手中，股价处于无人控制的"自由浮动"阶段，下跌往往不可避免。投资者在持股的过程中，明确地判断庄家的洗盘和出货动作，这是非常重要的，应该努力认清庄家的真正动因。具体方法有如下几种：

1. 庄家的有效获利空间

庄家出货的前提是获得比较丰厚的投资回报，只有回报足够多时，出货才会成为可能。

由于庄家对洗盘时间的选择具有灵活性，庄家在洗盘时的获利状况是不确定的。如果庄家选择在建仓之后就开始洗盘，那么这时候很可能庄家只是获得了微薄的收益，或者除去成本之后的收益几乎是零。如果选择在拉升途中洗盘，庄家的收益一定是很可观的。因为庄家的实力雄厚、坐庄时间长，想要不断地拉升股价，途中就需要进行洗盘，清除浮筹。这时候洗盘的庄家已经手握丰厚利润了。

与洗盘不同的是，只要庄家想要出货了，其获得的收益一定是非常丰厚的，没有丰厚的收益，庄家出货是没有任何意义的。对于不同的市场，庄家获得的投资收益可能是不同的。大牛市当中，庄家可能会获得几倍的收益，而在一般的上涨趋势当中，庄家可能只有 50% 以上的收益就要出货了。当然，对于坐庄时间比较短暂的庄家来说，盈利可能在 20%~30% 就达到出货的要求了。

2. 均线多空指向

洗盘的时候，均线可能也会有向下破位的现象出现。但是一般情况下，长期均线是不会出现明显下降趋势的。而出货就不同了，均线会伴随着庄家的出货而出现很明显的向下发散形态。均线的这个指标是在股价真正下跌之后才会有反应的，属于比较"迟钝"的指标，即使这样都能反映出下跌趋势，那么证明庄家已经完成出货了。

如图 10-26 所示，辰州矿业（002155）的日线图中显示，熊市之中均线呈现出明显的有序排列状态。长期均线在上方，产生明显的压制作用，短期均线在下方，形成短期的压制。只要股价没有突破上方的均线，就没有上涨的可能性。一旦股价突破均线上涨，并且站稳于均线之上，那么股价就会以下方的均线为支撑开始上涨的行情。

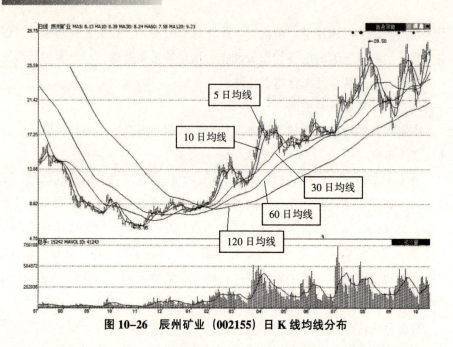

图 10-26　辰州矿业（002155）日 K 线均线分布

图 10-26 显示出，股价每穿过一条均线几乎都会出现回调的试盘现象，只要回调没有跌破已经被突破的均线，那么这条均线就成为股价不断上涨的动力。在股价穿破几乎所有的重要均线之后，并且这些均线都具有支撑作用，那么股价会就此不断地上涨。各条均线会作为支撑线而按照短期均线在上、长期均线在下的方式依次排列，支撑股价不断地上涨。

投资者在牛市的初期，长期均线（如 120 日、60 日）和短期均线（30 日、10 日、5 日）会呈现出明显的发散上涨趋势，这是熊市和牛市转换的最明显特征。投资者看到了这种情况之后，可以毫不犹豫地买入股票。并且熊市持续的时间越长，均线转为向上发散之后，股价上涨的动力就越明显。

3. 成交量大小

洗盘的时候，被抛售的股票多数是散户所为，庄家只起到了引导的作用。庄家起初先抛售一部分股票，使股价在散户的杀跌中自然下跌，成交量再随着股价的下跌而不断萎缩。随着庄家洗盘动作的持续进行，最后不管庄家如何洗盘，成交量都不再萎缩，这样庄家就达到了目的。

出货的时候，庄家必须使筹码顺利转移到投资者手中，这样才能够达到目的。既然筹码转移了，成交量一定是放大的。不管庄家采取何种的出货手法，成交量的放大是出货的必然选择，庄家不可能绕道而行的。

图 10-27 大同煤业（601001）周 K 线成交量状态

如图 10-27 所示，大同煤业（601001）的周 K 线图中显示，股价经过了长时间的拉升之后，开始横盘整理。等到股价再次上涨的时候，上涨的速度则加快了，但是成交量却萎缩了。没有相应成交量配合的上涨行情是很难持续的。事实上也是如此，股价上冲乏力之后开始快速地下跌，直到股价跌到前期横盘整理的位置。

由此可见，庄家既然是要拉升股价，无量配合肯定是不行的，成交量萎缩的拉升是庄家在暗中出货。

4. 日 K 线是否破位下跌

日 K 线是否破位下跌是庄家出货与洗盘的显著区别之一。显然，庄家出货之后，股价一般都呈现出破位下跌的现象。除非市场的上涨趋势非常强劲，否则股价下跌就是庄家出货的必然反映。特别是在庄家采取高位诱多出货后，股价经常是从高位一直跌到底的。

洗盘与出货有所不同，在市场向好时，庄家任何有意为之的打压洗盘都会被投资者视为建仓的好机会，非但不能够通过股价下跌来进行洗盘，反而会起到相反的作用。因此，洗盘同出货相比较而言，在很多时候洗盘都是比较温和的，日 K 线上表现为不会轻易地破位狂跌，短暂的下跌是有可能出现的。

图 10-28　漳泽电力（000767）日 K 线图

如图 10-28 所示，漳泽电力（000767）在上涨到最高价 6.68 元/股附近时，股价开始了震荡整理的走势。那么庄家是借此机会出货还是洗盘后拉升股价呢？从股价的走势中可以看出，股价在图中的 E、F 两个位置分别被突破后，已经连续破位下跌。如果庄家想要拉升股价，那么如此之大的跌幅肯定不是庄家要做的。这样来说，毫无疑问的是破位下跌时庄家已经出货了，投资者需要尽快离场才好。

5. 能否看出庄家的护盘动作

洗盘的时候，股价下跌到一定的位置后，庄家的资金会进入市场以维持股价在一定的价位附近，阻止其继续破位下跌。

出货就不同了，短时的均线（如 5 日均线、10 日均线）可能对股价没有任何的支撑作用。在庄家抛盘的巨大压力之下，股价很可能会轻易地放量跌破这些均线支撑，继续寻找新的支撑。股价经过长时间的上涨之后，庄家高位出货，股价跳水下跌，很可能任何的短期均线都不会对股价产生支撑作用。股价会连续地跌破 5 日、10 日、20 日、30 日甚至更长周期的均线。

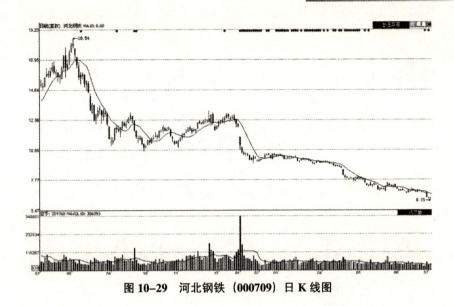

图10-29 河北钢铁（000709）日K线图

如图10-29所示，从河北钢铁（000709）的日K线走势中可以明显地看出：股价波澜不惊，没有一点多头的趋势。既然股价长时间维持这样的弱势状态，那么这样的股票中怎么可能还会有庄家存在呢？如果指数不停地走弱，恐怕该股在很长时间内都不会有"翻身之日"了。该股就是属于那种庄家出货完毕之后的弱势股，没有任何的护盘动作是庄家出货完毕的最大特征。

6. 喇叭口的放大程度

在股价真正下跌之前，震荡是常见的事情。连续上下震荡的股价很容易形成类似喇叭口的形态。庄家在洗盘时形成的喇叭口形状，它的发散程度一般是不大的，并且上涨的速度慢、斜率比较小。而出货的时候就不一样了，喇叭口的发散程度是惊人的大，股价在喇叭口的支撑线和阻力线之间上下波动，波动的幅度相对于洗盘时要大很多。最终股价会选择破位跌破喇叭口的下方支撑线，股价进入真正的下跌当中。

如图10-30所示，中色股份（000758）进入真正的下跌趋势前，出现了明显的多方反攻现象。喇叭口形态就是多方与空方拼斗的证据。下跌前的喇叭口形态是非常陡峭的，如图中A、B位置的两个喇叭口形态。股价经过大幅度的震荡，最终顺利跌破了喇叭口下方的支撑线。

图 10-30　中色股份（000758）日 K 线喇叭口

7. 指数是否已经破位下跌

庄家坐庄的目的是持续获得投资收益，只要指数的上涨趋势没有发生改变，个股就会随着指数的上涨而不断创新高。庄家可以继续拉升股价到更高的位置。如果指数在高位发生了根本性的转变，多数的庄家也会按捺不住，出货是必然的选择。在指数上涨的途中，股价出现了下跌，一般都

图 10-31　上证指数日 K 线图

不会是出货的动作。庄家借助市场调整的机会做出了相应的洗盘动作，投资者对这样的洗盘不必惊慌，等待企稳之后股价还是可以继续上涨的。

如图 10-31 所示，上证指数的日 K 线图中显示，指数在 2010 年 4 月 19 日大幅下挫 4.79%，当日指数放量破位跌破了 10 日均线的支撑。既然指数跌幅如此之大，并且是放量跌破支撑位置，那么将来的弱势下跌趋势已经确立了，个股在指数下跌的过程中也不会幸免于难的。投资者这时候不论怎么选择股票，下跌的概率都是很大的，并且随着股价的不断下跌，几乎所有的个股都会有下调的现象出现。也就是说在熊市之中，股价一定会"轮跌"一遍的。

图书在版编目（CIP）数据

从零开始学跟庄/陈金生编著. —3 版. —北京：经济管理出版社，2015.10
ISBN 978-7-5096-3940-5

Ⅰ.①从…　Ⅱ.①陈…　Ⅲ.①股票交易—基本知识　Ⅳ.①F830.91

中国版本图书馆 CIP 数据核字（2015）第 203942 号

组稿编辑：勇　生
责任编辑：胡　茜
责任印制：黄章平
责任校对：车立佳

出版发行：经济管理出版社
　　　　　（北京市海淀区北蜂窝 8 号中雅大厦 A 座 11 层　100038）
网　　址：www. E-mp. com. cn
电　　话：（010）51915602
印　　刷：三河市延风印装有限公司
经　　销：新华书店
开　　本：720mm×1000mm/16
印　　张：14.5
字　　数：230 千字
版　　次：2016 年 1 月第 3 版　2016 年 1 月第 1 次印刷
书　　号：ISBN 978-7-5096-3940-5
定　　价：48.00 元